汉语国际教育文化课系列教材

中外文化交流史（第2版）

History of China's Cultural Exchange with Foreign Countries

(2nd Edition)

马树德 编著

上

Vol. 1

北京语言大学出版社
BEIJING LANGUAGE AND CULTURE UNIVERSITY PRESS

图书在版编目（CIP）数据

中外文化交流史．上 / 马树德编著．-- 2版．-- 北京：北京语言大学出版社，2021.11(2024.8 重印)
ISBN 978-7-5619-5991-6

Ⅰ．①中… Ⅱ．①马… Ⅲ．①中外关系－文化交流－文化史 Ⅳ．①K203

中国版本图书馆 CIP 数据核字（2021）第 212147 号

中外文化交流史（第 2 版）上
ZHONGWAI WENHUA JIAOLIUSHI (DI 2 BAN) SHANG

排版制作：北京创艺涵文化发展有限公司
责任印制：邝 天
图片提供：视觉中国 微图网 壹图网

出版发行：北京语言大学出版社
社 址：北京市海淀区学院路 15 号，100083
网 址：www.blcup.com
电子信箱：service@blcup.com
电 话：编辑部 8610-82303647/3592/3395
国内发行 8610-82303650/3591/3648
海外发行 8610-82303365/3080/3668
北语书店 8610-82303653
网购咨询 8610-82303908
印 刷：北京市金木堂数码科技有限公司

版 次：2000 年 12 月第 1 版
2021 年 11 月第 2 版
印 次：2024 年 8 月第 2 次印刷
印 张：9.25
开 本：787 毫米 × 1092 毫米 1/16
字 数：187 千字
定 价：68.00 元

PRINTED IN CHINA
凡有印装质量问题，本社负责调换。售后 QQ 号 1367565611，电话 010-82303590

使用说明

这本《中外文化交流史》，作为文化知识类教材，是为满足来华留学生汉语言专业或汉语国际教育专业本科教学之需编写的，“中外文化交流史”当是为四年级开设的一门课程。这门课程的教学目的是，要使学生通过学习了解中外文化交流的悠久历史，认识文化交流对一个民族、一个国家文化发展的重要性和必要性，从而引发学生对自己在文化交流中应该扮演什么样角色进行思考，进而增强其学好汉语的动力。

本教材分上、下两册。上册为两千年中外文化交流史概说，是课堂讲授的主要内容；下册叙述了两千年间中国与世界各国、各地的文化交流，可供学生在课堂之外阅读和参考，也可供有相关需求的教师选用进行授课。之所以这样安排，根据的是这门课程的教学实际与教学需要。上册与下册，从内容上讲并无轻重之分，只是叙说角度与侧重点不同罢了。上册从历史上中外文化的三次大交汇入手加以描述，进而对两千年间的中外文化交流做全景式、概括式的介绍与评说。以“序章”开篇，既为紧随其后的几章也为包括下册在内的全书做铺垫。为使留学生更方便地理解教材内容，扫除其在学习和阅读过程中遇到的障碍，教材除对生词进行注音和释义外，还以脚注形式对某些词语加以解释，对某些历史人物、历史事件、文化概念等做更为详尽的说明。另外，每章之前都列有“内容导读”“教学建议”和“授课时长”等，之后则设有思考题和填空练习（序章除外）。

上册内容可供一学年教学使用：一学年两个学期，除去法定节假日和考试时间，每学期以 18 周计，全学年 36 周共 72 学时（需要撰写毕业论文的，其学时可能会相对减少）。当然，具体的教学对象不同，教学方法也会有异，从内容容量上讲，授课教师尚有自由安排的余地。

下册分写历史上中国与世界各国、各地之间的文化交流，基本以洲划分，分成三章。每章开始一般有一段综述性文字，把背景性的、属于本洲各国共性的东西交代清楚，然后再分节叙述中国与各国（地）的交流，各节之间又相互观照、彼此呼应。

考虑到教学实际以及内容的特殊性，下册每章之前不再单写“内容导读”之类的文字，但行文中仍会对某些词语以及一些知识类内容做出解释，并在其后附思考题，以突出重点，便于学生阅读、理解和把握。

特此说明。

马树德

2018 年 12 月于江苏昆山

目录

序 章

内容导读：

“序章”一词，取自前辈翻译家所译英国文艺复兴时期伟大剧作家莎士比亚名言“凡是过去，皆为序章”。“序章”之义不同于“序言”，也不同于“绪言”或“绪论”，它是起点或者说出发点。在中外文化发生接触进而引起交流融汇之前，中华大地上各民族之间的文化交流经历了一个漫长的过程，没有这种交汇融合，就不可能有中华文化的灿烂恢宏。“序章”所展示的正是这方面的内容，它虽不属于“中外文化交流”的范畴，却与之密切相关。另外，较为集中地引介一下中国现当代一些文化学者对文化交流的论述与阐释，更可加深我们对这个问题的认识和理解。

教学建议：

作为这样一本文化知识类教材的开篇，希望本章能对学生有启示作用。在注重内容讲授的同时，教师也应重视语言的讲解、释惑。毕竟，对于学习者来说，对汉语语言的理解是其知识获取的重要前提。讲罢，可结合后面的思考题与学生进行讨论。

授课时长：4 学时。

世界各国、各民族的文化都是在相互的交流与交融中发展起来的，中华民族的文化自然也不例外。两千多年来，中外文化相激相荡，既给中国文化注入了无限的生机与活力，也使整个世界的文化气象万千、多姿多彩。历史告诉人们：文化交流要比政治交流来得久远，更比经济交流来得深刻。

在正文各章展开之前，编写者觉得有必要专门引介中国现当代几位文化学者对文化交流的理解与论述，以加深学习者对文化交流重要性的认识，进而增强自身的使命感和学习的自觉性。另外，在中外文化大交汇发生之前及其进程当中，在广袤的中华大地上，中华各民族间的文化交融曾经历过一个漫长的过程。实际上，这种交流融汇直到今天仍然没有停止。它可以被看成是中外文化交流的前奏曲和伴奏曲，对此，编写者也觉得有必要在这里加以介绍和说明。

中国近代思想家、学者梁启超①从青年时代起便开始接触西方资本主义文化，并接受维新思想；1898 年前后曾追随老师康有为②投身变法维新运动③，号称“康梁”。作为一个文化融合论者，梁启超晚年尤其热衷于推进中西文化交流。他曾讥讽思想文化上的顽固保守派所主张的“西学中源说”是**故步自封**、**夜郎自大**，荒唐可笑。20 世纪初，他从欧洲游历归来，曾将自己为期一年的考察结果以及对西方文明的态度和看法写进专著《欧游心影录》中。他推重西方文化，主张中西文化融合，公开宣扬：“要发挥我们的文化，非借他们的文化做途径不可。因为他们研究的方法，实在精密，所谓‘**工欲善其事，必先利其器**’”；又说，要拿西方文化“补助”中国文化，

故步自封　gùbù-zìfēng
成语。故步：走老步子；封：限制住。比喻安于现状，不求进步。也作“固步自封”。

夜郎自大　yèláng-zìdà
成语。夜郎：中国汉代西南部的一个小国，约在今贵州省西北部。史书载：“夜郎国的国君问汉朝使臣：‘你们汉朝大呢，还是我们夜郎国大？’”后来人们使用“夜郎自大”比喻妄自尊大，即狂妄地自高自大。

工欲善其事，必先利其器
gōng yù shàn qí shì, bì xiān lì qí qì
出自《论语·卫灵公》。善：做好；利：使……锋利、精良；器：工具。意思是工匠要做好自己的事，必须先把工具准备好。多用来比喻做事前要预先准备好条件。

① 梁启超：1873—1929。字卓如，号任公，又号饮冰室主人。广东新会人。举人出身。戊戌（wùxū）政变后逃亡日本，宣传君主立宪，介绍西学。1917 年底退出政坛，从事学术研究和教学，晚年在清华学校（今清华大学）讲学。学识渊博，成就甚多，有《饮冰室合集》传世。

② 康有为：1858—1927。近代学者，改良派政治家、思想家。原名祖诒，字广厦，号长素、更生。广东南海人。幼年受儒家传统教育，1879 年游历香港，接触西方文化，开始向西方寻找救国真理。1888 年上书清帝，要求变法图强。后在广州著书讲学。1895 年联合在京会试的 1300 余名举人上书光绪皇帝，提出“拒和、迁都、练兵、变法”等主张。后在北京、上海等地创办报纸，组织学会，鼓吹变法维新。1898 年参与新政。失败后逃亡国外，组织保皇会。辛亥革命后从事孔教会活动，鼓吹尊孔复古。著有《孔子改制考》《大同书》《戊戌奏稿》《康南海先生诗集》等。

③ 变法维新运动：通常称之为“戊戌变法”，也称“戊戌维新”（1898 年是中国农历戊戌年）。年初，康有为上书光绪皇帝，呼吁其坚定变法决心，指出只有变法才能救国。光绪皇帝接受了康有为提出的一系列新政建议，颁布诏书和 100 多道除旧布新的改革诏令，实行变法。变法因遭到以慈禧太后为首的封建守旧势力的抵制和反对，只维持了百余日即宣告失败。

让双方“起一种**化合**作用”，成为“一个新文化系统”。他甚至比喻说，东方文明应与**泰西**文明“结婚”。

化合　huàhé
指两种或两种以上的物质经化学反应而生成另一种成分较复杂的物质。
泰西　Tàixī
极西的地方。旧时指西方（主要指欧洲）。
渗透　shèntòu
液体、气体从细小的缝隙中透过；比喻某种事物逐渐进入到其他事物中（多用于抽象事物）。

为推进文化交流事业，梁启超还发起组织了两个学术团体——共学社和讲学社。共学社的主要工作是出版杂志，建立图书馆，其最大功绩是编译出版西人新书。另外，该社还筹集资金，选派、资助有志留学者出国留学。梁启超曾说，培植人才，以了解世界大势为主，而了解世界大势，自以留学为最佳途径。讲学社的宗旨则是聘请“国外名哲”来华讲学，每年一人。该社聘请的第一位西方学者是美国著名哲学家、实用主义者杜威[①]。杜威之后，先后受邀来华讲学的还有英国哲学家、科学家和政治社会历史评论家罗素[②]，德国唯心主义哲学家杜里舒[③]以及印度大诗人、诺贝尔文学奖获得者泰戈尔[④]等。1924年泰戈尔来华时，梁启超曾致欢迎词，盛赞印度古代文化给予中国文化的巨大影响。后来，泰戈尔在华演说稿结集出版，梁氏的欢迎词则成为该书的序言，题目为《印度与中国文化之亲属关系》。

此外，梁启超还曾把中国历史划分为“中国之中国”“亚洲之中国”和“世界之中国”这样三个递进发展的阶段。从文化交流的角度讲，我们既可以将这“三个阶段”理解为：首先是中国本土文化的起源与发展期，在中华大地上，汉民族文化与其他各民族文化相互融汇、相互**渗透**并渐成体系；其次是亚洲文明对中国文化产生重大影响，使中国文化日渐丰富；再后则是西方文化对中国产生影响，促使中国文化从传统走向近代。当然我们还可以将其理解为：首先是中华大地上各民族文化在相互碰撞中彼此汲取营养并交汇融合，其次是中国文化对亚洲国家的影响，再后则是中国文明走向世界。

---

① 杜威（John Dewey）：1859—1952。美国哲学家、社会学家、教育学家，实用主义芝加哥学派创始人。曾任芝加哥大学、哥伦比亚大学教授。

② 罗素（Bertrand Russell）：1872—1970。英国哲学家、数学家、逻辑学家。剑桥大学三一学院毕业后留校任教。曾获1950年诺贝尔文学奖。

③ 杜里舒（Hans Driesch）：1867—1941。德国哲学家、生物学家，新活力论者。历任海德堡大学、科隆大学、莱比锡大学教授。

④ 泰戈尔（Rabindranath Tagore）：1861—1941。印度作家、诗人、社会活动家，1913年诺贝尔文学奖获得者。

对于外域文化，中国现代最伟大的文学家、思想家鲁迅[①]始终持积极开放的态度，他提倡的是“汉唐[②]**气魄**”，主张实行“拿来主义”。汉唐时期是中国文化繁荣昌盛的黄金期，对外来文化采取的是吸纳包容的积极态度。鲁迅先生曾在《坟·看镜有感》一文中，盛赞汉唐的**魄力**，认为正因有魄力，也才更有自信。他说：“汉唐虽然也有边患，但魄力究竟雄大，人民具有不至于为异族奴隶的自信心，或者竟毫未想到，凡取用外来事物的时候，就如将彼俘来一样，自由驱使，绝不**介怀**。”他还说：“即使并非中国所固有的罢，只要是优点，我们也应该学习。”他认为：“虽是西洋文明罢，我们能吸收时，就是西洋文明也变成我们自己的了。”[③]他于是高喊“拿来”，并在另外一篇文章中解释了什么是“拿来主义”。

气魄 qìpò
做事的魄力；气势（即人或事物所表现出来的某种力量和状态）；胸怀。
魄力 pòlì
胆识（胆量、见识）和决断的能力。
介怀 jièhuái
介意；在意；(把不愉快的事) 放在心上。

从表面上看，鲁迅先生论述的似乎只是中外文化交流中“我们”一方应持的态度、应用的方法，但他实际上在告诉我们，文化交流不仅是必要的，而且也非常重要。

北京大学季羡林[④]教授曾经不止一次地强调文化交流的重要。在《我和佛教研究》一文中，他这样说：

> 从整个世界自古至今文化发展的情况来看，一个文化，不管在某一时期内发展得多么辉煌灿烂，但是如果故步自封、**抱残守缺**，又没有外来的新成分注入，结果必然会**销声匿迹**，成为夏天夜空中的流星。打一个未必恰当的比方，一种植物，必须随时**嫁接**，方能

抱残守缺 bàocán-shǒuquē
成语。抱：守住不放。意思是死守着残缺、陈旧的东西不肯放弃，用以形容抱着旧思想、旧事物不放，不愿接受新思想、新事物。
销声匿迹 xiāoshēng-nìjì
成语。销：消失；匿：隐藏。意思是消失得没有了踪迹。
嫁接 jiàjiē
一种改良植物品种的方法，把要繁殖的植物的枝或芽接到另一种植物的枝干上，使它们结合在一起，成为一个独立生长的植株。

① 鲁迅：1881—1936。原名周树人，浙江绍兴人。中国现代文学家、思想家、革命家，新文化运动的伟大旗手。

② 汉唐：中国历史上的两个朝代。汉，起始于公元前 206 年，终止于公元 220 年，由汉高帝刘邦所建；唐，起始于公元 618 年，终止于 907 年，由唐高祖李渊所建。

③ 语见鲁迅《且介亭杂文·从孩子的照相谈起》。

④ 季羡林：1911—2009。山东临清人。中国当代著名学者、作家、翻译家、教育家。生前为北京大学教授。早年曾留学德国十年，除精通德文外，还精通梵文、巴利文和吐火罗文（焉耆—龟兹文）。

永**葆**青春；放任不管，时间一久，就会**退化**。中华民族创造了极其卓越的文化，至今仍然没有失去活力，历时之久，为世界各民族所仅见。原因当然是很多的，重要原因之一，我认为，就是随时吸收外来的新成分，随时“拿来”，决不**僵化**。

葆　bǎo
保持。

退化　tuìhuà
指生物体在进化过程中某一部分器官变小，构造简化，功能减退甚至完全消失。也泛指事物由优变劣，由好变坏。

僵化　jiānghuà
变僵硬；停滞不前或不再发展（一般指人的思想、头脑）。

2000年，在为《20世纪中外文学交流史》一书所作的“序言”中，季羡林教授这样写道：

> 近若干年以来，我逐渐形成了一个颇为自信的观点：文化交流是推动人类社会前进的重要动力之一。我们简直无法想象，如果没有历史上的文化交流，我们今天的社会是一个什么样子。
>
> ……
>
> 我个人认为，物质方面的文化交流能提高世界人民的生活水平。而文学交流则属于精神方面的文化交流，它能提高世界人民的精神境界，能促进世界文学创造的繁荣，更重要的是能促进世界上不同民族的相互了解，增强他们之间的友谊和感情，而最后这一点是极其重要的。

张岱年[①]、方克立主编的中国高等学校公用教材《中国文化概论》，内中设一专章论述了“以**迁徙**、聚合、贸易、战争为中介”的中华各民族的文化融合与中外文化的大交汇。在这一章的开头，作者就强调了文化交流的巨大作用：

迁徙　qiānxǐ
迁移（离开原来的所在地而另换他地）。

机制　jīzhì
这里是指一个工作系统的组织或部分之间相互作用的过程和方式。

补偿　bǔcháng
抵消（损失、消耗）；补足（缺欠、差额）。

> 人类历史的前进，离不开文化的交流和融合，对于任何一个民族而言，拥有文化输出与文化接受的健全**机制**，方能获得文化**补偿**，赢得空间上的拓宽和时间上的延展。

作者同时强调，在彼此的交流融汇中，中国文化与外域文化都是受益者：

① 张岱年：1909—2004。中国当代哲学家，生前为北京大学教授。

中国文化不仅在内部各族文化的相互融汇、相互渗透中得到发展，而且在与外部世界的接触中，先后受容了中亚游牧文化、波斯文化、印度佛教文化、阿拉伯文化、欧洲文化。中国文化系统或以外来文化作补充，或以外来文化作复壮剂，使整个机体保持旺盛的生命力。外域文化系统也在与中国文化的广泛接触中汲取营养，滋润自身的肌体。

历史学家、北京大学教授周一良[①]在其主编的《中外文化交流史》一书的“前言”中，便指出了中外文化交流的特点与意义：

当然，事物的发展是不平衡的，中国与外国的文化交流，也不排除中外的某一方、某一时期中、某一领域内单方面影响较大或较深。但千百年来中外文化交流的总趋势是互相影响、互相促进，总的成果是共同提高。一个国家、一个民族，只有与外界交流，从各方面吸取营养，以丰富充实自己，才能在政治、经济、文化各方面辉煌发展。历史上气象恢宏的汉唐盛世就是如此。

说到“气象恢宏的汉唐盛世”，就不妨先从我们内部各族文化的相互融汇、相互渗透讲起。希望它对全书的叙说起一种铺垫的作用，同时，也为学习者更加全面、深入地认识并理解中外文化交流，提供一个别样的视角。

史书记载，夏[②]是中国最早的一个朝代。紧接其后的是商[③]，再后是周[④]。三个朝代的更替，代表的其实就是民族的迁徙与发展。彼此相交错、相**覆叠**、相**同化**的结果是，众多小群落团结成了一个大族群，在语言文字、生活方式、政治制度、礼仪文化等方面渐趋一致。相对于周边的族群，他们自觉为一整体，合称“诸夏”，有时也被称并自称为“华”。“华”逐渐成为与“夏”异名同义的称号，于是也便有了“华夏”[⑤]之名。

覆叠　fùdié
覆盖与重叠。
同化　tónghuà
不相同的事物逐渐变得相同或相近（与“异化”相对）。

① 周一良：1913—2001。中国当代著名历史学家，生前为北京大学教授。

② 夏：中国历史朝代，前2070—前1600。指禹之子启建立的中国历史上第一个朝代。

③ 商：中国历史朝代，前1600—前1046。汤灭夏后所建。约公元前1300年，商迁都于殷（今河南安阳西北小屯村），自迁殷后至公元前1046年被称为“殷”，后来多殷商并举。

④ 周：中国历史朝代，前1046—前256。姬发所建。分为西周和东周。

⑤ 华夏：“夏”字含有雅、正、大等义。也有人将“夏”字释为“中国之人”。“华夏”的意思是“有礼仪之大，兼有文章之华”；现被释为“中国的古称”，泛指中华民族。

华夏民族劳动、**生息**、**繁衍**于黄河中下游地区，史书中称这里为“中国”，又叫“中原”，其范围包括今河南大部、山东西部、山西南部、河北南部以及陕西东部这样一个面积约50万平方千米的地带。早在3000多年前，华夏民族已经拥有了较为先进的农耕文明，并且建立了一套完善的礼仪制度。华夏族因认为居于天下[①]之中央，便自称“中国”[②]，同时称四方的部族为“夷、蛮、戎、狄”[③]。

生息 shēngxī
生活；生存。

繁衍 fányǎn
逐渐增多或增广。

城郭 chéngguō
城墙（“城”指内城的墙，“郭”指外城的墙），借指城市。

墟市 xūshì
集市。“墟”同“圩”。

剽悍 piāohàn
敏捷而勇猛。

明清之际思想家王夫之[④]曾经这样概括“中国”与“夷狄”，亦即中原农耕民族与北方游牧民族的文化特征：“中国”是有**城郭**可守，**墟市**可利，田土可耕，赋税可纳，婚姻仕进可荣的地区；“夷狄”则无城郭、耕地，不知礼仪，迁徙无定，以游牧为主，全民皆善骑战，勇猛**剽悍**。汉时的匈奴[⑤]，唐时的突厥[⑥]，宋时的契丹[⑦]、女真[⑧]、羌[⑨]、党项[⑩]，以及后起的蒙古，都是典型意义上的游牧民族。东北的夫馀[⑪]、靺鞨[⑫]以及由女真演化而成的满族，则是半农半猎的骑马民族，也可称为“半游牧人”。

---

① 中国古代把世界看作“天下”，把自己生息繁衍的这片土地称为“海内”，天下和海内构成了中国文化的空间概念。

② “中国”意即“中央之国”“中心之国”。不过在当时，“中国”只是一个地理与文化概念，并不是专指一个国家，类似于“中州”“中夏”“中原”等称呼。

③ 夷、蛮、戎、狄：即所谓东夷、南蛮、西戎、北狄，也称“四夷”；后人以“夷”或“夷狄”代称异族或域外国家。

④ 王夫之：1619—1692。衡阳（今属湖南）人。明清之际朴素唯物主义哲学家。政治上主张“尊君”和限制君权，“宽以养民”。晚年隐居衡阳石船山，后人因此称他为“船山先生”。

⑤ 匈奴：中国古代民族。战国时游牧于燕、赵、秦以北地带。东汉时分裂为南北两部。北匈奴在公元1世纪末为汉所败，西迁。南匈奴附汉，两晋时曾先后建立前赵、夏、北凉等政权。

⑥ 突厥：中国古代民族。公元5世纪中叶迁徙于金山（今阿尔泰山）南麓。公元552年开始建立政权，582年分裂为东、西突厥，638年、659年先后被唐所灭。

⑦ 契丹：中国古代民族，为东胡的一支，很早就在今辽河上游西拉木伦河一带游牧。唐末耶律阿保机统一了各部，建立契丹国，后改名为辽国。北宋宣和七年（1125年）被金所灭，后渐与蒙古、女真、汉等民族同化，一部分西迁，建立西辽。

⑧ 女真：中国古代民族。是满族的祖先，居住在今吉林和黑龙江一带，1115年曾建立金国。部分南迁中原，与汉族融合。

⑨ 羌：中国古代民族。原住今青海及四川、新疆一带，东汉时移居今甘肃一带。东晋时建立后秦（384—417）。

⑩ 党项：中国古代西北地区的少数民族，是羌族的一支，北宋时曾建立西夏政权，以兴庆府（今银川）为都城。因位于宋之西，故称“西夏”。1227年为元所灭。

⑪ 夫馀：又称“扶余”，古代中国东北的一个土生民族。

⑫ 靺鞨：中国古代居住在东北部的一个民族，是女真族的祖先。音 Mòhé。

游牧文化与农耕文化[①]既有碰撞与冲突，也有相互影响与融合。有研究者称，作为两种最基本的经济类型，游牧和农耕两种文化是中华文化和中华文明得以不断发展壮大的动力与源泉。也就是说，冲突往往会演变为战争，而彼此攻伐的最终结果却又是文化互补与民族融合。在中国历史上，游牧人“以弓马之力取天下”，进而入主中原[②]，建立起游牧文化与农耕文化混而为一的王朝的重大史实就有：（1）公元5世纪，鲜卑[③]族拓跋[④]部统一黄河流域，占据了北方的半壁江山，其统治延续了一百余年；（2）13世纪，蒙古人建立元朝，并迁都大都即今北京，在灭亡了南宋[⑤]之后，统一了全中国，其统治持续了近百年；（3）17世纪，女真族改称满族，自立国家，称雄东北，又改国号为清，后乘明末中原动乱入关[⑥]，定都北京，建立起了一个空前统一的多民族国家，基本上奠定了今日中国之版图，其统治长达260余年。

有学者认为：正是北方草原民族屡屡入主中原，才为中华民族和中华文化的发展一次次地注入了新鲜血液、新的活力；这种大规模的融合和汇聚每进行一次，中华民族和中华文化的多元性、包容性就得到一次加强，因而也就产生出了更大的向心力和**凝聚**力。

为了抵御北方游牧人的侵扰和袭击，使自己进可攻、退可守，中原农耕人曾在长达2000多年的时间里，历尽艰辛，耗费了大量的人力、物力和财力，修筑起了**横亘**于中国北方的、**绵延**万余里的长城[⑦]。长城是农耕人护卫先进的农耕文明，以使其不致在游牧人无休止的攻击下归于毁灭的

凝聚 níngjù
凝结；聚集。

横亘 hénggèn
横向延伸；横卧。

绵延 miányán
连续延长；延续不断。

① 有学者将“游牧文化”称为“草原文化”，将“农耕文化”称为“黄河文化”。

② 这里的“中原”，除原来的地理概念之外，也代指中国。

③ 鲜卑：中国古代民族，居住在今东北、内蒙古一带。汉末逐渐强盛，曾在北方先后建立北魏、东魏、西魏、北齐、北周等政权。

④ 拓跋：姓氏。后改为“元氏”。

⑤ 南宋：中国历史朝代。1127—1279。建都临安（今浙江杭州）。

⑥ 这里的“关”，指位于河北秦皇岛的山海关。因此关在燕山与渤海之间，故名。这里地势险要，是东北与华北之间的咽喉要冲，是长城东部的军事要塞，历来为兵家必争之地，有“万里长城第一关”之说。

⑦ 长城：春秋时期，楚国修建了一段长城。到了战国，燕、赵、秦等诸侯国更是大规模修建。秦灭六国后，秦始皇派人把北方各诸侯国所筑长城连接起来，西起临洮（今甘肃岷县），东到辽东，全长5000余千米，因此也称“万里长城”。现在人们看到的主要是明代修建的长城，东起鸭绿江，西到嘉峪关，全长6300余千米。

防线。在中国历史上，它发挥的军事作用是巨大的，尽管它并不能决定战争的胜负。长城不仅体现着华夏人的思想情感、思维方式和价值取向，也凝聚着中华民族的文化精神；同时，它也保障了游牧人与农耕人长期和平有序的交往，是民族间经济、文化的汇聚之地。长城的路线走向，大体上与农耕区及游牧区的自然分界线相吻合。

耐人寻味的是，和平时期，游牧人与农耕人之间的物质交换活动，比如游牧人以自己的畜产品与农耕人交换粮食、茶叶、**布帛**、铁器等，一般都是在长城的各个关口进行的，即所谓“关市”贸易。汉朝时，匈奴和汉人之间通过这种“关市”贸易开展物资和人员交流，曾出现“匈奴自**单于**以下皆亲汉，往来长城下”的局面。今天，长城已经成为中华民族文明和精神的象征。

布帛　bùbó
棉织品和丝织品的总称。

单于　chányú
匈奴君主的称号。

熏染　xūnrǎn
长期接触逐渐受到影响。

不胜枚举　bùshèng-méijǔ
成语。枚举：一一列举。意思是不能一一列举，形容同一类的人或事物很多。

南北朝①时，中国经历了又一次民族融合的高潮。各民族在文化与风气上相互学习和**熏染**，北方汉语也深受鲜卑语影响，当时的人因此称北方方音“北杂夷虏”。一首名为《敕勒歌》②的北朝民歌传唱了千余年，因为它生动地描写了北国草原的壮丽风光而令人心驰神往，至今仍为广大的中国人所喜爱。

长期的文化冲突与交汇融合的结果是，中国北方许多游牧民族逐渐消亡。唐以后，鲜卑、氐③、羯④等族名便在史书中消失了；元代以后，契丹、党项等民族亦不再见于史籍。与民族消亡的情形相类似，古代一些游牧民族的语言，在民族融合的大潮中，也渐次消失于无形。

有关中华大地上民族间交汇融合的实例**不胜枚举**，其中，战国⑤时的“胡服骑射”

---

① 南北朝：中国历史上一个南北对峙时期，420—589。

② 敕勒歌：“敕勒川，阴山下，天似穹庐，笼盖四野。天苍苍，野茫茫，风吹草低见牛羊。”一般认为这首民歌是由鲜卑语译成汉语的，但也有研究者认为，唱出此歌者为朔州敕勒人斛（Hú）律金，而这首歌当是敕勒族许多部落的人共唱的古老民歌，其中也包括维吾尔族。“敕勒”音 Chìlè。
敕勒川：敕勒族游牧的草原，今内蒙古土默特旗一带，阴山脚下。
阴山：即阴山山脉，东西走向，在今内蒙古中部。
庐：游牧民族居住的圆顶帐篷，用毡子做成。
见：同“现”，呈现、显现义。

③ 氐：中国古代西北部的一个民族，东晋时曾先后建立过前秦、后凉政权。音 Dī。

④ 羯：中国古代北方的民族，是匈奴的一个别支。东晋时在黄河流域建立后赵政权。音 Jié。

⑤ 战国：前 475—前 221，中国历史上的一个时代，因诸侯国之间连年征战，故称战国。

和南北朝时北魏孝文帝的改革可以看成是这方面的两个典型。

（一）胡服骑射

战国时代，七个大诸侯国——齐、楚、燕、赵、韩、魏、秦七雄并立。开始时，地处西方的秦国无论在政治、经济还是在文化方面都落后于中原地区。公元前361年，秦国新君即位，是为秦孝公。秦孝公**发愤图强**，决心把秦国治理成强国。他重用卫国的一个贵族公孙鞅①实行变法，同时奖励耕织，废除贵族**世袭**特权，设军功爵②，并于公元前350年将国都迁往咸阳。通过两次大规模的变法革新，秦国国力日益增强，疆域不断扩大，逐渐形成了兼并东方六国的优势。

北方的赵国自赵襄子开国，传至武灵王③时，国力渐衰，屡遭欺辱。赵武灵王是个有远见的国君，看到秦国**恃强凌弱**，**虎视眈眈**，决心也通过改革使赵国富强起来，以拓宽疆土，抵御强敌。

> 发愤图强　fāfèn-túqiáng
> 成语。下定决心，刻苦努力，谋求自身的强大。
>
> 世袭　shìxí
> 世代承袭。
>
> 恃强凌弱　shìqiáng-língruò
> 成语。恃：依靠；依赖。凌：侵犯；欺压。依仗强势欺负弱者。
>
> 虎视眈眈　hǔshì-dāndān
> 成语。像老虎那样目不转睛地看着。形容贪婪而凶狠地看着想要得到的东西。
>
> 鉴于　jiànyú
> 表示以某种情况为前提加以考虑。
>
> 着手　zhuóshǒu
> 动手；开始做。

周赧王④八年即公元前307年，赵武灵王在率军攻取了中山国⑤的房子⑥之后，直抵无穷之门⑦，又自北而西到达黄河边，仔细考察了北面的游牧部族情况。他清醒地意识到，在北方山地和丘陵地区作战，是不能使用战车的；而胡⑧人身着胡服骑马射箭，作战技术有其独特的长处。**鉴于**此，他决心**着手**进行军事改革。

其时，中原人的服装是长袍拖地，肥腰大袖，厚重而烦琐，干活儿和打仗都十

---

① 公孙鞅：即后来的商鞅。“商鞅变法”是中国历史上的重要事件。“鞅”音Yāng。

② 设军功爵：依据军功大小授予爵位。爵：爵位，君主国家贵族封号的等级。

③ （赵）武灵王：战国时赵国国君，名雍（Yōng）。公元前325—前299年在位。

④ 周赧王：周代天子，名姬延，公元前314—前256年在位。“赧”音Nǎn。

⑤ 中山国：建于公元前414年，嵌于燕、赵两国之间，公元前408年曾被魏国所灭；后由桓公复国，国力最强盛时拥有战车九千乘（shèng）。古代称四匹马拉的战车一辆为一乘。

⑥ 房子：地名。在今河北高邑西南。

⑦ 无穷之门：地名。在今河北张北一带。

⑧ 胡：中国古代对北方和西方各族的泛称。

分不便；而胡人的服装是短衣窄袖，行动起来轻便灵活。赵武灵王决心学习胡人的**穿着**和打仗本领，并耐心地说服了大臣中的反对者，最终获得了广泛支持。于是，他颁布了改革服装的命令。不久，赵国人不分贫富贵贱，都穿上了胡服。接着，赵武灵王又号令国人学习骑马射箭，并在今山西大同北建立“骑邑”，培训骑兵。骑兵皆着紧身短装，腰束皮带，脚穿皮靴，个个精神**抖擞**。通过骑射改革，赵武灵王建立起了一支强大的骑兵队伍，为中原国家的发展提供了**借鉴**。

赵武灵王的改革成效显著。“胡服骑射”不仅壮大了赵国的实力，使其成为东方继齐之后的第二强国，而且和燕国同时成为北方民族融合的中心，同时还为中原人的生活方式带来了新的因素。它不仅改变了中原人**沿袭**已久的**着装**习惯，也改变了商朝以来驾车作战的军事传统，对此后中原民族的**服饰**演变以及军事制度的发展，都产生了十分深远的影响。公元前296年即赵惠文王三年，自称“主父”[①]的赵武灵王亲率骑兵彻底打败了近旁的中山国，消除了**威胁**赵国的**心腹之患**。在相继征服了北方主要的游牧民族“林胡”和“楼烦”之后，赵国疆域得到了进一步的拓展，国力得到了空前的增强。

后世的历史学家都把“胡服骑射”视为中国古代华夏族勇于吸取外族文化的一个典型范例。

穿着 chuānzhuó
衣着；装束。

抖擞 dǒusǒu
（精神）振作。

借鉴 jièjiàn
跟别的人或事相对照，以便取长补短或吸取教训。

沿袭 yánxí
依照旧传统或原有的规定办理；遵循；继续使用。

着装 zhuózhuāng
指穿衣戴帽等。

服饰 fúshì
衣着（全身的穿戴）和装饰。

威胁 wēixié
使遭遇危险。

心腹之患 xīnfùzhīhuàn
成语。指藏在内部的严重祸害。

---

① 公元前299年，赵武灵王将王位传给了次子赵何，是为“赵惠文王”。赵武灵王自己改称“主父”，专注于带兵打仗。

胡服骑射雕塑（邯郸）

（二）北魏孝文帝[1]改革

东晋[2]以后的一个半世纪中，江南相继出现了以建康即今南京为都城的四个政权：宋、齐、梁、陈[3]。历史上将这四个政权称为南朝。

几乎与之同时，公元 439 年，北魏太武帝拓跋焘[4]统一了北方。历史上将北魏与魏末分裂的东魏、西魏以及继起的北齐、北周称为北朝[5]。

南朝和北朝合称“南北朝”。南北朝上承两汉[6]、下启隋[7]唐，是两个大一统时期中间的一个分裂、战争的时代，共存在了 170 年。

北魏政权本是由鲜卑拓跋珪[8]建立的。经过长期的战争，鲜卑拓跋氏统一了中国

① 北魏孝文帝：北魏皇帝，姓拓跋，名宏，公元 471—499 年在位。北魏政权由拓跋氏所建。

② 东晋：中国历史朝代，317—420。建都建康（今江苏南京）。

③ 宋、齐、梁、陈：指称时一般在这四个政权的名字前加“南朝”二字。南朝宋：420—479；南朝齐：479—502；南朝梁：502—557；南朝陈：557—589。

④ 拓跋焘：北魏皇帝名。公元 423—452 年在位。“焘”音 Tāo。

⑤ 北朝：指这一时期在中国北方先后建立的这几个政权。北魏：386—534；东魏：534—550；西魏：535—556；北齐：550—577；北周：557—581。

⑥ 两汉：西汉和东汉，中国历史朝代。起始于公元前 206 年，终止于公元 220 年。

⑦ 隋：中国历史朝代，581—618，杨坚所建，建都大兴（今陕西西安）。

⑧ 拓跋珪：北魏开国皇帝。公元 386—409 年在位。“珪”音 Guī。

北方，入主中原，有力地促进了各民族之间的大融合，尤其是魏孝文帝于公元 494 年将国都迁至洛阳并全力实施汉化改革，更将民族融合的大势推向了高潮。

公元 471 年，孝文帝拓跋宏继位为北魏皇帝。因其年幼，由祖母冯太后临朝称制①。其时，北魏国内各种矛盾和问题日渐突出。长期战乱使经济受到严重破坏，土地大片荒芜，国家财政陷于困境。为了富国强兵，冯太后果断实行了一系列改革。改革涉及政治、经济以及社会管理等多个方面，取得了显著效果。尤其是颇有独创性的均田制②，以法律形式确认了劳动者对土地的占有权和使用权，极大地推动了农业生产的发展和北魏政权的封建化进程。

亲政 qīnzhèng
幼年继位的帝王成年后亲自处理政事。
垂范 chuífàn
给下级、晚辈或后人做出榜样。

公元 490 年，冯太后病逝，孝文帝**亲政**。他继承祖母事业，继续进行改革，不过孝文帝的改革主要是以“汉化”为中心的文治改革。

为了进一步吸收汉民族的先进文化，加强对中原地区的统治，公元 494 年，孝文帝在取得重臣的支持后，精心策划了一个“外示南征，意在谋迁”的计谋，毅然把国都从平城即今山西大同迁到了洛阳。迁都后，他实行全面汉化政策，命令鲜卑人必须改穿汉服，学说汉话，并改鲜卑姓为汉姓，同时大力提倡鲜卑人同汉人通婚；另外，还规定所有从平城迁来的鲜卑贵族都得改为洛阳籍，死后也必须葬在洛阳，不得归葬平城。孝文帝率先**垂范**，自己改姓元，将自己的名字“拓跋宏”改为“元宏”。有历史学家将其改革概括为这样 20 个字，那就是“断北语，改族姓，禁胡服，与汉人通婚，兴学校，改制度”。

魏孝文帝的改革缓解了民族矛盾和阶级矛盾，巩固了鲜卑贵族在北方的统治，不但促进了黄河流域的经济繁荣，更促进了北方各民族之间的大融合，对中国多民族的统一做出了贡献。

除了汉化改革方面的功绩，孝文帝在文化建设方面也有建树。受父亲献文帝及祖母冯

① 临朝称制：在男尊女卑的封建社会，后宫不得干预政事。但在某些特殊时期，可由皇后、皇太后或太皇太后等女性统治者代替皇帝行使权力，这种现象即为“临朝称制”。

② 均田制：北魏至唐朝中叶实行的土地制度。孝文帝太和九年（公元 485 年），朝廷下令按人口分配空荒土地，所分之田根据性别不同及拥有耕牛数的多少而不同。当然还有许多具体政策，规定所分田产的性质、可否买卖、死后归属等等。后北齐、北周、隋、唐均沿袭此制，具体政策也有所变通。唐中叶以后，因人口增加，海内已无闲田，均田制遂自行取消。

太后影响，孝文帝从小便**笃信**佛教。即位后，在祖母的支持和协助下，他迎像，度僧，立寺，设斋，起塔，广做佛事，大力提倡佛教学说。在北朝的五个朝代中，北魏存在的时间最长，佛教在北魏也最为兴盛。与南朝佛教崇尚谈论佛教**义理**不同，北朝佛教重实修、轻义理，尤其推崇禅学，同时更热衷于建寺庙，凿**石窟**，意在**祈福积德**。以石窟为例，早在平城时，从文成帝和平元年即公元 460 年起，北魏**朝廷**便开始开凿、营建云冈石窟①，其主要石窟皆完成于此后的 30 多年中。迁都洛阳后，石窟艺术也从平城转移到了洛阳。孝文帝下令在城南伊河两岸的龙门山、香山开凿石窟。这就是举世闻名的龙门石窟。

笃信 dǔxìn
深信；坚信。

义理 yìlǐ
言论或文章的内容和道理。这里指的是佛教的教义，即佛教的思想、主张、理论等。

石窟 shíkū
古时一种就着山崖开凿而成的寺庙建筑，里面有佛像或佛教故事的壁画和石刻等，因此又称“石窟寺”。

祈福 qífú
求福；祈愿幸福。

积德 jīdé
积累功德，指做好事。

朝廷 cháotíng
代指君主国政府或帝王（皇帝）本人。

洛阳龙门石窟卢舍那佛

① 云冈石窟：在山西大同市西郊武周山（又名云冈）南麓。石窟东西绵延约 1000 米。现存主要洞窟 45 个，造像 51000 余尊。最高的大佛有 17 米，最小的只有几厘米。所雕菩萨、力士和飞天等形象活泼生动。其雕刻技艺继承并发展了秦汉以来的艺术传统，且明显受到外来艺术的影响，具有独特风格，在中国艺术史上占有重要地位。

经从开凿起持续400余年的营造，龙门石窟成为中原地区最大的佛教石窟群。石窟密布于伊水东西两山的峭壁之上，南北长约1000米，规模宏大，**气势磅礴**。现存石窟1300多个，佛洞、**佛龛**2345个，佛塔50余座，佛像97000余尊。其中最大的佛像高达17.14米，最小的仅有2厘米。据介绍，龙门石窟群中最有代表性的石窟是古阳洞、奉先寺和宾阳洞，宾阳洞又分为北、中、南三个大窟。宾阳中洞洞口内壁两侧，有两幅大型**浮雕**，表现的正是魏孝文帝与皇后礼拜佛祖的场面，名为《帝后礼佛图》，雕刻精美异常。

龙门石窟与甘肃敦煌莫高窟[①]、山西大同云冈石窟齐名，并称为中国佛教“三大石窟”，其雕刻技艺**精湛**，艺术风格独特，内容丰富多彩，是以北魏孝文帝为代表的前人为中华民族留下的一笔宝贵的文化遗产。

气势　qìshì
人或事物所表现出来的某种力量和状态。

磅礴　pángbó
（气势）盛大。

佛龛　fókān
供奉佛像的小阁子。

浮雕　fúdiāo
雕塑的一种，在平面上雕出的凸起的形象。

精湛　jīngzhàn
精深（湛：“深”义）；高超。

思考题：

1. 从本章所述中国的几位文化学者对文化交流的论述与态度中，你得到了哪些启示？

2. 你是如何理解“文化交流要比政治交流来得久远，更比经济交流来得深刻”这句话的？

3. 有学者认为，中国文化形成过程的主要特征是“有容乃大”和“兼容并蓄”，意思就是容纳、包容、吸纳、吸收，哪怕是对性质不同、品类各异的文化。对这一点，你有什么认识或体会？

4. 作为一名汉语学习者，你可曾想过自己应该在与中国的文化交流中做些什么？

---

① 敦煌莫高窟：中国最著名的佛教石窟之一，俗称“千佛洞”，一般称“敦煌石窟”，是中国古代壁画、塑像艺术宝库。凿于甘肃省敦煌市城东南的鸣沙山东麓断崖上。南北长1600米，上下5层。前秦建元二年（公元366年）开始凿像，后历代至元均有修建。现尚存有十六国至元各代的洞窟492个，壁画45000多平方米，彩塑佛、菩萨、弟子、天王、力士等共2415尊，另有唐代木建筑5座。

第一章　张骞通西域：拉开了中外文化交流的序幕

内容导读：

上册除“序章”外，共分为六章，除对历史上中国文化与外域文化的三次大交汇做概括性的回顾与评说外，还对与之密切相关的问题加以论述与探讨。

本章专写张骞通西域，介绍它的背景、经过、成果与意义。这是中国历史上的一个大事件，对于中外交流史来说，其意义非比寻常。它不但开阔了中国人的视野，丰富了中国人的物质和精神生活，更拉开了中外文化交流的序幕；同时，它所开辟的丝绸之路，也正与今天中国所提出的建设“一带一路”的倡议遥相呼应。

教学建议：

教师可将张骞出使西域的全过程作为历史故事加以讲述。尽管对于中国人来说，它是家喻户晓的历史事件；但对于外国学习者来说，它仍然是陌生而新鲜的。应注意讲好它发生的历史背景及其成果和意义。除了讲授，还可就“一带一路”倡议与学生展开讨论。另外，配合观赏大型民族舞剧《丝路花雨》(电影或舞台演出录像)，学习者可以更形象地认识并感受丝绸之路。

授课时长：6～8 学时。

中华民族与世界各民族间的友好往来和文化交流，可以追溯到汉代，至今已有2000多年的悠久历史。

人类的文明史告诉我们，整个世界就像一个大家庭，任何一个民族、一个国家都不可能在完全封闭的状态下取得大进步和大发展。几千年来，中华民族曾用自己的聪明才智为人类文明做出过重要贡献，同时也在学习和吸收外来文化的过程中不断地充实着自己，丰富着自己，完善着自己。

第一节　张骞[①]出使西域的历史背景

公元前202年初，秦[②]末农民起义领袖刘邦在打败了自己的**强劲**对手项羽[③]之后**称帝**，是为汉高帝[④]。汉高帝建立了一个比秦王朝更为强大的汉王朝，定都洛阳，后迁都至长安即今陕西省西安市。

汉帝国初建时，天下已纷乱数百年，**疮痍满目**，国力衰微。刘邦死后，又经过了一段时间的政权动荡，公元前179年，其子刘恒即皇帝位，是为汉文帝[⑤]。文帝即位后，**大赦**天下，进一步推行**休养生息**、**轻徭薄赋**政策，兴修水利，倡导以农为本，尤其提倡节俭，从而使天下走向安定，开创了汉朝**盛世**。公元前157年，文帝去世，太子刘启即位，是为汉景帝[⑥]。景帝继续实行与民休息[⑦]政策，诏令进一步减轻农民负担，废除严刑苛

强劲　qiángjìng
强大有力。

称帝　chēngdì
向世人宣布自己为皇帝。

疮痍满目　chuāngyí-mǎnmù
成语。满眼所看到的都是创伤。比喻到处都是遭受破坏或经历灾祸后的残破景象。

大赦　dàshè
国家最高权力机关或国家元首发布命令，赦免罪犯的刑罚。

休养生息　xiūyǎng-shēngxī
成语。在大动荡或大变革之后保养民力，增殖人口，恢复生产，发展经济，安定生活。

轻徭薄赋　qīngyáo-bófù
成语。减轻劳役，减少赋税。

盛世　shèngshì
繁荣、昌盛的时代。

① 张骞：前164—前114。汉中郡城固（今陕西汉中市城固县）人。汉代杰出的外交家、旅行家、探险家，丝绸之路的开拓者。“骞”音Qiān。

② 秦：中国历史朝代，始于公元前221年，终于公元前206年，秦始皇嬴政所建。

③ 项羽：前232—前202。秦末农民起义领袖。下相（今江苏宿迁市西南）人。秦亡后，自立为西楚霸王。楚汉战争中，为刘邦击败，自刎于乌江（今安徽和县东北）。

④ 汉高帝：即刘邦（前256—前195），汉王朝的建立者，公元前202—前195年在位。出身农家，做过秦时沛县（今江苏沛县）泗水亭长。后参加农民起义军。

⑤ 汉文帝：前203—前157。汉高帝刘邦之子，公元前180—前157年在位。

⑥ 汉景帝：前188—前141。汉文帝刘恒之子，公元前157—前141年在位。

⑦ 与民休息：“休息”即“休养生息”。意思是给老百姓休养生息的机会。

法，加强对官吏的约束，并通过有力措施巩固了中央集权。对匈奴，除了继续增强北方的防御力量，同时也继续采取从高帝时即开始实行的“和亲”[①]政策，以缓和矛盾，换取短暂和平。

汉文帝、汉景帝执政前后 70 年，历史学家将景帝统治时期与文帝时期并举，称为“文景之治”。文景之治使汉王朝社会稳定，经济繁荣，国家**富庶**，百姓**殷实**，府库充盈[②]，因而为汉武帝的开拓事业包括对匈奴用兵，打下了坚实的物质基础。

公元前 141 年，景帝之子刘彻即位，是为汉武帝[③]。他首创了年号[④]纪年，使用的第一个年号是“建元”。作为一位有**雄才大略**的政治家，他还采取了一系列措施以实现自己的**抱负**。

政治上，他颁行各种法令，改变了汉初以来诸侯王强大难治的局面；实行一系列措施以打击地方**豪强**；创立刺史[⑤]制度，加强了对地方的控制和监督，从而解除了地方势力对中央政权的威胁。

富庶 fùshù
（国家、地区）物产丰富充足，人口众多。

殷实 yīnshí
富足；富裕。

雄才大略 xióngcái-dàlüè
成语。杰出的才能和远大的谋略。

抱负 bàofù
远大的志向和理想。

豪强 háoqiáng
旧时指倚仗权势欺压百姓的人。

罢黜 bàchù
贬低并排斥。

思想上，他采纳儒生董仲舒[⑥]的建议，“**罢黜**百家[⑦]，尊崇儒术[⑧]”，将百家学说排斥于官学之外，从而确立了儒家学说在中国社会和文化中的主流地位，甚至成为中

① 和亲：封建王朝统治者用结亲的办法与周边民族的统治集团建立友好关系。这里指的是汉朝皇帝将“公主”嫁与匈奴头领单于，并陪上丰厚的嫁妆。从高帝初年到武帝初年，“和亲”之举先后共 7 次。

② 据史书记载，当时，国库里的钱币堆积如山，串钱的绳子都朽烂了，无法清点；粮食入库，一年年地增加，多得库里放不下，流露在库外的，因发霉而不能再食。

③ 汉武帝：前 156—前 87。政治家、战略家，公元前 141—前 87 年在位。

④ 年号：中国封建时代皇帝纪年的名称。从汉武帝建元元年（公元前 140 年）起，中国历史开始用皇帝年号纪年。有的皇帝一生更换几个年号，明清两代一般是一个皇帝只用一个年号。

⑤ 刺史：汉朝由朝廷派出监察地方的官，以后沿指州郡地方长官。元明以后废“刺史”官名。

⑥ 董仲舒：前 179—前 104。西汉哲学家，今文（汉朝指当时通行的隶书）经学（解释、研究儒家经典的学问，包括史学、哲学、语言文字等）大师。广川（今河北枣强东）人，曾任博士官。

⑦ 百家：意思就是百家学说。春秋战国时期，中国社会出现了各种学术思想和流派，主要有儒、法、道、墨、名、阴阳、纵横、农、杂等，因多而被称为“百家”。各家著书立说，互相争辩，形成了学术上的繁荣局面，被称为“百家争鸣”。

⑧ 儒术：儒家的道德和学术。儒家是先秦时期的一个思想流派，以孔子为代表，主张礼治、仁政，重视伦理教育，影响深远。

国封建社会的统治思想。

经济上，他将冶铁、铸钱、煮盐收归官营，以充实国家实力；在京师专设平准官，各地设均输官，由国家直接经营贸易和运输，以平抑物价；治理黄河，兴修水利，移民**屯边**；实行代田法[①]，改进农具，从而推动了农业生产的发展。

屯边　túnbiān
屯垦戍边。意思是一边开垦土地，一边守卫边疆。

军事上，他先后数次派大将卫青[②]、霍去病[③]等发动反击和征讨匈奴的战争[④]，解除了匈奴对北部边郡的威胁，保障了黄河流域广大地区经济、文化的发展。同时，他还派兵消灭了南越割据政权，统一了今天的两广地区，并在今云南、贵州等地设郡制，加强了汉民族与当地各少数民族的联系。

外交上，他曾两次派张骞出使西域[⑤]，开辟了一条横贯欧亚大陆几千千米的贸易通道，既为汉朝打开了一个新的世界，也拉开了中外文化交流的序幕。

丝绸之路起点组雕（西安）

① 代田法：中国古代北方干旱地区的一种耕作方法。此法有利于抗旱保湿，又可使地力得到休养。

② 卫青：生年不详，卒于公元前106年。西汉名将，因战功显赫被封为“长平侯”。

③ 霍去病：前140—前117。西汉名将、杰出军事家。官至骠骑将军，封“冠军侯”。

④ 汉武帝几次用兵，给了匈奴以沉重打击。在元狩二年（公元前121年）的战争中，汉军夺得祁连山和河西走廊，武帝在那里设武威郡和酒泉郡，后又增置张掖郡和敦煌郡，是为“河西四郡”。退出河西走廊的匈奴曾编有一首怀恋河西的歌谣，歌中唱道：“亡我祁连山，使我六畜不蕃息！失我焉支（燕支）山，使我妇女无颜色！”（蕃息 fánxī：滋生；繁殖。焉支：山名，在今甘肃境内，水草丰美，适宜畜牧。燕支：植物名，即红花，可做胭脂。）

⑤ 西域：汉以后对玉门关、阳关以西地区的总称。有二义：狭义专指葱岭以东而言，广义则包括亚洲中西部以及印度半岛、欧洲东部和非洲北部在内。自19世纪末起，“西域”一名渐废弃不用。

第二节 张骞出使西域的经过及成果

张骞被派出使西域的最初目的并不是为了发展贸易，而是为了联系西域国家，共同抵御匈奴。

为彻底解除北方匈奴的威胁，汉武帝决定联络大月氏①共击匈奴。月氏国原居敦煌、祁连之间，汉文帝时遭匈奴驱赶，其大部西迁至今新疆伊犁河上游一带建国，自称大月氏，后被迫再度西迁至妫水②流域。建元三年即公元前 138 年，时任郎中③的汉中人张骞受汉武帝派遣出使大月氏。

> 忠贞不屈　zhōngzhēn bùqū
> 成语。忠贞：忠诚坚定；不屈：不屈服。

张骞率领百余人离开都城长安西行，刚刚进入河西走廊④即被匈奴俘获，其所携带的财物被扣，随行人员被分到各个部落去当奴隶。匈奴单于为软化、拉拢张骞，让他娶匈奴妻成家生子，以忘使命。但张骞**忠贞不屈**，始终苦心保存着所持的“节”⑤并等待时机。在被扣留了将近 11 年之后，张骞终于找到机会逃离了匈奴西境并继续西行，且在历尽艰辛后到达大月氏。大月氏此时已在这里安居乐业，早把复仇的事忘于脑后，更不愿再与匈奴交战。张骞留居年余，看达不到目的，只好踏上归途。为避开匈奴，张骞取道昆仑山北麓，经于阗⑥东归，不幸路上又被匈奴骑兵扣留。幸而遇上匈奴因老单于死去发生内乱，张骞得以很快逃归。元朔三年即公元前 126 年，张骞终于回到了长安。

张骞出使西域 13 年，历尽千辛万苦，同行者百余人，回来时只剩下他与匈奴侍从堂邑父二人。在西域，张骞了解到，除到过的大宛⑦、康居⑧、大月氏、大夏⑨等几国

① 月氏：古西域国名。音 Yuèzhī。

② 妫水：今阿姆河。中亚内河流。其上游、中游一部分为塔吉克斯坦、乌兹别克斯坦、土库曼斯坦和阿富汗界河，下游流经沙漠地区，注入咸海。“妫”音 Guī。

③ 郎中：古代官职名。

④ 河西走廊：甘肃西北部祁连山以北、合黎山和龙首山以南、乌鞘岭以西的狭长地带，状似走廊；东西长约 900 千米，南北宽约 100 至 200 千米，因其在黄河之西而得名。其时这一带还是匈奴人的活动范围。后被汉武帝征服，并先后设武威、酒泉、张掖、敦煌四郡。

⑤ 节：古代出使外国所持的凭证。

⑥ 于阗：古西域国名，在今新疆维吾尔自治区和田一带。“阗”音 tián。

⑦ 大宛：在今中亚费尔干纳盆地。盛产葡萄、苜蓿，更以产汗血马驰名。“宛”音 yuān。

⑧ 康居：位于大宛之北，在今巴尔喀什湖和咸海之间。

⑨ 大夏：位于今阿富汗北部至印度河流域。

外，邻近还有五六个大国，比如大宛的东北有乌孙[①]，大月氏之西有安息[②]，再西有条支[③]，大夏的东南有身毒[④]，康居的西北有奄蔡[⑤]等。张骞对这些国家的政治、社会、地理、军事、物产以及风俗等情况做了较为详细的考察[⑥]。据记载，张骞著有《出关记》[⑦]和《海外异物记》等书，可惜均**散佚**不传。汉武帝对张骞在西域的见闻大感兴趣，封张骞为“博望侯[⑧]”。

散佚　sànyì
（文稿、书籍等）散落遗失。

元狩四年即公元前 119 年，张骞作为使者再度出使西域。与第一次的出使不同，张骞此行率将士 300 余人，每人备马两匹，驱带牛羊上万只，并携带大量金币、丝帛。因汉武帝多次用兵，此时去西域的道路已经没有了障碍。张骞一众此次走访了乌孙等西域多国，并于元鼎二年即公元前 115 年偕同乌孙使者数十人返回长安。乌孙使者赠给汉武帝良马数十匹。随后，被张骞派到大宛、康居、大夏、安息、身毒等国的副使也同这些国家的使臣一起，陆续回到长安。从此以后，汉同西域的交通频繁起来，汉王朝派往西域去的使者，每年多则十几批，少则五六批，每批多则几百人，少则百余人。这些使者队伍实际上也是商队。

史书记载，张骞为人宽厚、诚信、坚忍，甚为所到之国当政者和人民所喜爱。他的西域之行，当时曾是轰动朝野的大事。它扩大了两千多年前中国人的视野，促进了东西方的政治、商业和文化交流。史称张骞此举为“**凿空**”，也因此，人们一般都称张骞此举为“通西域”。19 世纪末，德国地理学家李希霍芬[⑨]

凿空　záokōng
空：孔，引申为道路。“凿空”的意思就是“凿通孔道、开通道路”。

① 乌孙：最初在祁连与敦煌之间，后被迫西迁至今伊犁河流域。

② 安息：在今伊朗高原和两河流域。

③ 条支：在今伊朗西南部布什尔港附近一带。

④ 身毒：古印度的别译之一。音 Yuāndú。

⑤ 奄蔡：在今中亚咸海、里海一带。音 Yǎncài。

⑥ 张骞考察的结果反映在了史书中。《汉书》中对西域诸国的概括描述是：“自宛以西，至安息，虽颇异言，然大同，自相晓知也。其人皆深目高鼻，多须髯。”

⑦ 《出关记》：一名《张骞出关志》。有学者认为，司马迁的《史记・大宛列传》就是依据此书撰写的，是现存最早的有关西域的历史资料。

⑧ 侯：古代公、侯、伯、子、男五等爵位的第二等；秦代以后次于王的爵位。

⑨ 李希霍芬（Ferdinand von Richthofen）：1833—1905。德国地理学家、地质学家。曾任德国波恩大学、莱比锡大学和柏林大学教授，柏林大学校长。1868—1872 年在中国先后进行了 7 次旅行，调查地质、矿藏、黄土、海岸性质与构造线分布等。提出中国黄土风成的假说。

在考察了这条从长安出发向西横贯亚洲大陆直达欧洲地中海西岸国家的贸易通道后，在其所著《中国》一书中，率先将其命名为“丝绸之路”[①]。这一名词很快被学术界和大众所接受并正式使用。从汉代起，中国的丝绸便沿着这条贸易通道不断输往西方，西方商旅沿此路东来，所寻求的第一东方产品也是丝绸。丝绸之路把东方与西方联系了起来，成为连接东西方文明的**纽带**。

源源西运的中国丝绸和丝织品，成了亚欧各国人民尤其是上流社会羡慕、向往的衣料和装饰物。据记载，在古罗马，中国丝绸属于奢侈品。逢庆典和节日，贵族和富人们都会身穿**绫罗绸缎**出席并以此为荣耀。沿着丝绸之路，中原的养蚕和丝织技术也渐渐西传：首先在葱岭[②]以东的新疆境内得到了推广，继而传入波斯[③]、印度、拜占庭[④]。

除了丝绸和丝织品，沿丝绸之路陆续传入西方的，还有中原的漆器、玉器、铜器、铁器、茶叶、砂糖、**樟脑**等物品，以及冶铁、打井、**灌溉**等技术，因而促进了西域各国的经济发展，提高了那里人们的生活品质。与之相对应，西域的毛皮、**玻璃**器皿、**琥珀**、**苜蓿**、核桃、葡萄、蚕豆、石榴、芝麻、菠菜、黄瓜、大蒜、胡椒、胡萝卜、无花果、良马、狮子、犀牛、孔雀、骆驼、杂技、舞蹈、乐器[⑤]、乐曲等等也陆续传入中原，成为中原人物质生活和文化生活的重要组成部分。

纽带 niǔdài
起联结作用的媒介。

绫罗绸缎 líng-luó-chóu-duàn
成语。泛指精美的丝织品或用精美丝织品所做的服装。

樟脑 zhāngnǎo
樟树的枝、叶等蒸馏后提制而成的白色晶体，有刺激性香味，可做防腐驱虫剂、强心剂等。

灌溉 guàngài
把水输送到田里浇灌土地。

玻璃 bōli
一种质地硬而脆的透明物体。中国古代也称其为“琉琳”“流离”“琉璃”“颇黎”。

琥珀 hǔpò
古代松柏等树的树脂经过石化的产物，产于煤层中。透明或半透明，可用作装饰品等。

苜蓿 mùxu
一年生或多年生草本植物，良马的主要饲料，也是重要的绿肥作物。

① 丝绸之路：亦简称为“丝路”。李希霍芬最初使用该术语时，只指称从中原地区经今新疆而抵中亚和南亚的陆上通道。后所指范围逐渐扩大。

② 葱岭：古山脉名。传说以山多青葱而得名，是古时中国西部的界山。其地域甚广：北起南天山、西天山，往南延伸，包括帕米尔高原、西昆仑山、喀喇昆仑山和兴都库什山，都属葱岭。

③ 波斯：即今伊朗。

④ 拜占庭：即东罗马帝国。

⑤ 这里所说的乐器，主要有琵琶（pípa）、箜篌（kōnghóu）、胡笳（hújiā）、胡角、笛（横吹）等。

思考题：

1. 中国历史上的“文景之治”指的是什么？“文景之治”与张骞出使西域有什么关系？

2. 请叙述一下张骞两次出使西域的经过，并结合张骞出使西域的成果评说一下它的历史意义。

3. 从你的角度出发，依据你所了解的实际情况，谈谈你对“一带一路”倡议的认识与理解。

填空练习：

1. 西汉时期，历经“文景之治”，社会稳定，经济繁荣，国家富庶，百姓殷实。公元前____（1）____年和公元前____（2）____年，张骞受____（3）____派遣，曾两次出使西域，开辟了一条从长安向西横跨亚欧大陆的贸易通道。19世纪末，德国地理学家李希霍芬经考察后，在其所著《中国》一书中将这条贸易通道称为“____（4）____”，它促进了亚欧国家间的经贸往来，同时也拉开了____（5）____的序幕。

第二章　中外文化的第一次大交汇：印度佛教东来

内容导读：

本章写的是历史上中外文化的第一次大交汇。这一次的交汇主要表现为印度佛教向中国的传播、佛教的中国化进程及其对中国文化产生的影响。佛教之所以能在中国立足，究其原因，自与其教义、其哲学思想密切相关。正如季羡林教授在《我与佛教研究》一文中所说："佛教在中国的发展是一个非常有意义的研究课题。"佛教"传入中国以后，经历了试探、适应、发展、改变、渗透、融合许许多多阶段，最终成为中国文化、中国思想的一部分"。

授课建议：

以现在的文本为依托进行讲授，应该是适当的。应着重让学生了解佛教对中国文化的影响。佛教文化博大精深，因此授课时不宜做太多的扩展，不要试图通过本章的讲授让学习者掌握有关佛教的"一切"。对学生特别感兴趣的东西，可在课堂上组织讨论。佛教对中国文化产生了诸多影响，其中语言方面的影响宜用时多些。讲唐高僧玄奘的事迹与贡献时，可选电视连续剧《西游记》或故事影片《玄奘》中的片段让学生欣赏。

授课时长：10 ～ 12 学时。

中国文化与外域文化的第一次大交汇发生于两汉之际。有学者指出：如果说秦以前是中国本土文化的起源与发展期，那么，从汉代开始，便进入了本土文化与外域文化的交汇期。这里所说的“外域文化”，指的主要是起源于南亚次大陆也就是古印度[①]的佛教文化。

据史书记载，中国人早在西汉武帝时就已听说了佛教[②]，而佛教初次传入中国内地却是在100多年后的西汉末年[③]。史书中又记：东汉永平七年即公元64年，明帝刘庄夜梦金人，“项有日光，飞行殿庭”，早朝时明帝将梦境说与众大臣听，博士傅毅为其解梦，说他所梦金人可能就是传说中西方天竺[④]国那个名为“佛”[⑤]的天神。明帝顿生求佛之心，于是诏令蔡愔[⑥]和秦景一行人前往西域求取佛法。永平十年即公元67年，蔡愔和秦景与在大月氏遇到的中天竺高僧迦叶摩腾[⑦]、竺法兰[⑧]一起，用白马驮佛像和佛经回到洛阳。明帝于是诏命在洛阳故城雍门西建白马寺[⑨]，以安置两位天竺高僧。二人在此译出《四十二章经》[⑩]。后世，人们通常把东汉明帝“感梦求法”以及《四十二章经》的译出作为佛教正式传入中国的标志，白马寺也因此被佛教徒尊为“释源”和“祖庭”。

---

① 古印度：这是一个地理概念，其范围不限于现在的印度共和国，还包括今尼泊尔、巴基斯坦、孟加拉国、斯里兰卡、马尔代夫等国。

② 《魏书·释老志》中记载：武帝遣张骞出使西域，张骞归来时讲到大夏国旁边“有身毒国，一名天竺，始闻有浮屠之教”。

③ 三国魏人鱼豢在其纪传体史书《魏略》中记载：西汉哀帝元寿元年即公元前2年，大月氏遣使者伊存东来，向汉博士弟子景卢（一说秦景宪）口授《浮屠经》。

④ 天竺：中国古代对古印度的别称。“竺”音 zhú。

⑤ 佛：梵文 Buddha（佛陀）的音译。简称为“佛”，亦译“佛驮”“浮陀”“浮屠”“浮图”等。意为“觉悟者”“觉者”“觉”“得道者”。

⑥ 蔡愔：据记载，蔡愔与秦景皆为郎中（官名）。有人称蔡愔为“西天取经第一人”。“愔”音 Yīn。

⑦ 迦叶摩腾：亦名“摄摩腾”，或略称“摩腾”。传为古印度僧人。东汉明帝遣蔡愔等十八人赴大月氏国求佛法，遇迦叶摩腾和竺法兰。永平十年，摩腾与竺法兰应邀以白马驮佛经佛像至洛阳。第二年，明帝建白马寺，请两僧讲经并合译《四十二章经》。其墓在今白马寺内。

⑧ 竺法兰：传为古印度僧人。东汉永平十年与迦叶摩腾应邀到洛阳。明帝建白马寺，请二僧讲经并合译《四十二章经》。其墓在今白马寺内。

⑨ 白马寺：中国最早的佛教寺院，建于永平十一年（公元68年），有“中国第一古刹”之称。位于今洛阳市东。

⑩ 《四十二章经》：中国第一部汉译佛经，计1卷。主要阐述早期佛教（小乘，chéng）的基本教义，着重宣扬人生无常和爱欲之害；也有学者认为它还称不上是真正的佛经，只能称作“经抄”，即佛经中的一些片段。

白马寺

第一节　佛教东传及其中国化进程

古印度佛教创立于公元前 6 世纪，是由迦毗罗卫①国太子悉达多②创立的，佛教徒尊称他为“释迦牟尼”③，又称他为“佛”④。

公元前 3 世纪阿育王⑤统治时期，佛教开始向印度境外传播，并逐渐发展成为世界性宗教。向南传播的属南传佛教，即所谓巴利语系佛教，以上座部佛教⑥为主，先传入斯里兰卡，再至缅甸、泰国、柬埔寨、老挝等国家以及中国云南一些地区。向北传播的属北传佛教，以大乘佛教⑦为主。其中又有两条路线：一条经帕米尔高原进入

① 迦毗罗卫：古印度释迦族聚居的邦国，佛祖释迦牟尼的故乡。“毗”音 pí。

② 悉达多（Siddhārtha）：前 565—前 486。佛祖本名。姓乔答摩（Gautama）。

③ 释迦牟尼：意思就是释迦族的圣人。

④ 指小乘佛教对释迦牟尼的尊称。

⑤ 阿育王：？—前 232。亦译阿输迦，意译无忧王、天爱喜见王。古印度摩揭陀国孔雀王朝国王（前 268—前 232）。在位期间统一除半岛南端以外的印度全境。

⑥ 上座部佛教：又称“小乘佛教”。是梵文 Hīnayāna 的意译。“小乘”之名原是大乘教派对原始佛教和部派佛教的贬称，后为学术界沿用，已无贬义。小乘视释迦牟尼为教主，追求个人自我解脱。乘：运载工具。

⑦ 大乘佛教：梵文 Mahāyāna 的意译。佛教两大派别之一，形成于公元 1 世纪中叶前后。该教派提倡三世十方有无数佛，宣扬大慈大悲，自命为“大乘”，是讲自己主张的佛法能运载众生从生死大河的此岸达到菩提涅槃的彼岸，即所谓“普度众生”。

中国新疆，再由河西走廊传至中原地区，后再传大江南北以至朝鲜、日本和越南；另一条则是由中印度传入尼泊尔，越喜马拉雅山进入中国西藏，再传中国内地和蒙古、西伯利亚等地，形成所谓藏传佛教，亦称“喇嘛教”[①]。佛教传播作为古印度与亚洲其他国家和地区进行文化交往的主要形式，一直到12世纪末至13世纪初该教消亡于印度本土时才告结束。

佛教传入之前，中国社会并没有发展出现代意义上的宗教，只有一些诸如“上帝”“天命”“天道”之类的观念，佛教传入并对中国社会产生影响后，中国才开始有了真正的宗教。

佛教在中国汉地的传播[②]大致可分为四个时期：（1）两汉时期，为初传期；（2）魏晋南北朝[③]时期，是它的发展期，佛教由此逐渐走向兴盛；（3）隋唐五代[④]时期，是它的鼎盛期或曰“黄金期”，中国佛教八大**宗派**形成；（4）宋元明清[⑤]时期，是它的产果期，中国**佛学**在这近千年的时间里发展到了封建时代的顶峰，因而完成了佛教彻底中国化的进程。

> 宗派　zōngpài
> 政治、学术、文艺、宗教等方面因各有所宗而形成的派别。
>
> 佛学　fóxué
> 专门研究佛教历史、教义和宗教实践以及与之相关学科的一门学问。

一、初传与发展

对于华夏文化圈来说，产生于古印度的佛教文化显然是一种“异质”文化。因此，在佛教初传汉地之时，人们只把它看成是一种“神仙**方士**之术”。换一种说法就是，为了能在中国站稳脚跟，佛教在开始时不得不将自己的本来面目遮掩起来，“小心翼翼地依附于黄老[⑥]之学，依附于中国的神仙方士之术”。这是因为，佛教东传华夏，是一种

> 方士　fāngshì
> 古代称求仙、炼丹的人。

① 喇嘛教：即“藏传佛教”，亦称“西藏佛教”。“喇嘛”为藏语，是“上师”之意。主要传播于中国藏族、蒙古族地区，也在不丹、尼泊尔、蒙古和俄罗斯西伯利亚部分地区传播。“喇嘛”音 Lǎma。

② 这里所说的“佛教在中国汉地的传播”，其所指就是通常所说的“汉传佛教”，也有学者将其称为“中国汉语系佛教”。

③ 魏晋南北朝：中国历史上几个朝代的合称，起于公元220年，终于589年。

④ 隋唐五代：中国历史上几个朝代的合称，起于公元581年，终于960年。

⑤ 宋元明清：中国历史上几个朝代的合称，起于公元960年，终于1911年。

⑥ 黄老：人们以传说中的黄帝与老子相配，将其同尊为道家的创始人。

外来宗教向另一个文化高度发达的国家的传入。恰如梁启超所言，那时传入中国的佛教，不过是粗浅迷信之谈[①]，还算不上真正的佛教。他的观点是：佛教教理的传入，才是佛教输入的根本标志。这个标志就是安息僧人安世高来华传教译经。安世高本为安息国太子，父亲死后，他将王位让给叔叔，自己则出家为僧。汉桓帝建和二年即公元 148 年，安世高来到洛阳，在传扬佛教教义的同时开始翻译佛经，20 余年间共译出佛经 34 部 40 卷[②]，由此使佛教义理得以在中国传播。也因此，安世高被视为佛经汉译的**先驱**，其系统被称为“安译”。安氏所译佛经属上座部系统，注重的都是个人精神的**修炼**，比较接近神仙家言。

紧随其后，公元 167 年前后，月氏国僧人支娄迦谶[③]也来到了洛阳，于汉灵帝和汉献帝在位期间译出佛经 14 部 27 卷[④]，开汉译大乘佛经之**先河**，其系统被称为“支译”。所传播的性空“般若学”[⑤]在两晋[⑥]之际开始大行于世，不但为统治者所接受，而且也深入到了平民中间。

西晋末年，特别是在进入东晋十六国[⑦]时期后，连年的战争使社会动荡，也给人民带来了深重的灾难。正是在这样的社会背景下，佛教有关彼岸世界的描绘便给了人们精神上的**慰藉**与**寄托**，客观上为佛教的广泛传播提供了条件。北方少数民族政权大都**扶植**佛教，因此佛教在这个时期发展尤快，几乎普及到了社会的各个阶层。

先驱　xiānqū
先驱者；做前导的人。

修炼　xiūliàn
本指道家修养练功、炼丹等活动。此处指佛教徒的修养锻炼。

先河　xiānhé
古代帝王先祭祀黄河，后祭祀海，以河为海的本源。后来称倡导在先的事物为先河。一般说“开……先河”。

慰藉　wèijiè
抚慰；安慰。

寄托　jìtuō
把希望、理想、感情等放在某人身上或某种事物上。

扶植　fúzhí
扶助培植。

---

① 梁启超评价的原话是：“度不过极粗浅之迷信耳。”

② 一说 35 部 41 卷。代表译著有《安般守意经》《阴持入经》《人本欲生经》《百六十品经》等。

③ 支娄迦谶：简称“支谶”。“谶”音 chèn。

④ 一说 12 部 26 卷。其中具有代表性的译著有《般若道行品经》《首楞严经》《般若三昧经》等。

⑤ 般若学：般若，佛经用语，梵文音译，意译为“智慧”。“般若学”是中国魏晋南北朝时期佛教的思想流派。该学说认为世界万物皆为因缘和合所生，没有固定不变的自性，所以性空。“般若”即“空观”。般若学影响深远，后来的三论宗便直接以它为立宗的宗旨。汉语不直接把“般若”译为“智慧”，是因为仅“智慧”二字难尽其义。另外，音译也表示一种尊重。“般若”音 bōrě。

⑥ 两晋：即西晋（265—317）和东晋（317—420）。

⑦ 十六国：从公元 304 年刘渊创建前赵起，到 439 年北魏统一北部中国止的 135 年中，在中国北部和巴蜀先后建立了十几个封建割据政权，统称为“十六国”。

这期间，先后又有西域高僧佛图澄[①]和鸠摩罗什[②]等进入中国内地。佛图澄是西域龟兹[③]人，被十六国之一的后赵统治者尊为“大和上[④]”，除传教外，还参与政事。在他的影响下，统治者正式允许汉人出家为僧。据记载，佛图澄曾建寺893所，收弟子达万人。研究者认为，佛图澄对佛教在中国汉地的传播起了关键性作用。

鸠摩罗什祖籍印度，生于龟兹，7岁随母出家。他不光精通小乘佛法，也学习大乘佛法并达到极高的境界，博通经论，敏捷善辩。因仰慕其大名，前秦统治者曾派兵直伐西域，大破龟兹，将鸠摩罗什掳至凉州[⑤]，“扣留”他达17年之久。公元401年，鸠摩罗什受邀抵后秦国都长安，受到国主姚兴**礼遇**。10余年间，在众多杰出弟子的协助与参与下，他共译出佛经74部384卷，多为大乘空宗[⑥]的主要经典，如《大品般若经》《法华经》《金刚经》《维摩诘经》《妙法莲华经》《阿弥陀经》《中论》《大智度论》《成实论》等等。正因如此，鸠摩罗什与后世的西天竺高僧真谛[⑦]、北天竺高僧不空[⑧]和中国高僧玄奘[⑨]被誉为中国佛教史上的四大译经家[⑩]。

> 礼遇　lǐyù
> 尊敬而有礼貌的待遇。

南北朝时期，佛教与中国传统文化进一步融合。南朝各代统治者都崇信佛教，其中最突出的是梁武帝萧衍[⑪]。他自称“三宝”[⑫]之奴，曾三次舍身寺院[⑬]，并亲自登台讲经。北朝北魏统治者曾花费大量人力、财力在大同云冈和洛阳龙门开凿佛教石窟，雕造佛像，并资助译经事业。

也就是从这一时期起，独立的寺院经济逐渐形成。梁朝有寺庙2846所，僧尼约82700人；北魏末期，都城洛阳有寺庙1367所，整个北方则建有寺庙3万余所，僧尼

---

① 佛图澄：232—348。亦名竺佛图澄。9岁出家，精通佛典，持戒精严。

② 鸠摩罗什：344—413。亦译名鸠摩罗什婆、鸠摩罗耆婆，略称罗什。“鸠”音 Jiū。

③ 龟兹：今新疆库车。音 Qiūcí。

④ 和上：同“和尚”。

⑤ 凉州：州、卫、府名。治今甘肃省武威市。

⑥ 空宗：大乘佛教的主要派别之一。中国称“中观派”。

⑦ 真谛：499—569。其名音译“波罗末陀”，亦名“拘罗那陀”。出家后遍访名师，学通内外。先至扶南（今柬埔寨），公元546年受梁武帝之邀来华。译出经论记传64部278卷。

⑧ 不空：705—774。其名为意译“不空金刚”的略称。15岁出家，随师来华至洛阳，参与译场并传法。共译有显密经论77部120余卷。

⑨ 玄奘：602—664。唐代高僧。后面将全面叙其事迹。“奘”音 zàng。

⑩ 四大译经家的另一种说法是指鸠摩罗什、真谛、玄奘和唐代译经僧义净。

⑪ 萧衍：464—549。南朝梁开国皇帝，公元502—549年在位。

⑫ 三宝：佛教指佛宝、法宝、僧宝。

⑬ 梁武帝萧衍曾三度（也有“四次”之说）“出家”到寺院修行，均由朝廷和群臣以重金赎回。

人数约达 200 万。

有些中国僧人不满足于转译的佛经，便决心亲赴天竺探求梵本[①]。第一个西行求法的是三国魏人朱士行[②]。朱士行，法号“八戒”。魏嘉平二年即公元 250 年，印度律学沙门昙柯迦罗[③]到洛阳译经，在白马寺设戒坛，朱士行首先登坛受戒，成为中国历史上第一位汉族僧人。魏甘露五年即公元 260 年，朱士行偕弟子西行至于阗，得梵本佛经 90 章，未及东归，便客死彼地。所得梵本由其弟子带回洛阳并译出，即《放光般若经》[④]。朱士行之后，西去求法的中国僧人日渐增多，其中最著名的当属东晋僧人法显[⑤]。

晋隆安三年即公元 399 年，年逾花甲的高僧法显因“慨律藏残缺”，决定赴天竺求取戒律，遂偕同学慧景、道整、慧应、慧嵬等从长安出发西行，出阳关[⑥]，穿沙海，越葱岭，翻雪山，终于来到了佛教圣地舍卫城。为了求法，法显从一开始就不畏艰辛，坚定西行。同伴中，有的半路折回，有的死在了路上，有的滞留不归，最后只剩下法显一人。作为来到天竺的第一位中国僧人，法显遍游天竺各地，学习梵语梵文，抄录佛教经律。公元 409 年，法显离开印度大陆，南下师子国[⑦]，曾住王城无畏山精舍，还曾往佛牙寺、支提山寺、摩诃毗诃罗寺[⑧]等处参学，又求得经律多部。师子国是《巴利文三藏[⑨]经》的产生之地[⑩]，其整个文化可以说就是从佛教中生长出来的。浓烈的佛教氛围对法显影响至深。公元 411 年，法显带着自己视若生命的律藏经典乘船渡海回国。历尽艰险与周折，约两年后，年近八旬的法显终于踏上了故国的热土，并最终抵达都城建康。

回国后，法显夜以继日地从事佛教经律的翻译工作，几年的时间，共译出经典 6 部，计 24 卷，100 多万言。其所传译的佛教戒律成为广大僧众修身立命的准则，在中国佛教界影响深远。此外，法显还把自己十余年间西行求法的全部行程和见闻经历写成《佛国记》[⑪]一书，对经行诸国的山川形势、佛教名胜和宗教活动等都有真实记述，从而开阔了中国佛教徒的视野，为研究南亚次大陆各国古代史地保存了重要资料，同

① 梵本：这里指用梵文刻写的佛经。

② 朱士行：203—282。颍川（今河南禹州）人。中国内地西行取经求法第一人，80 岁时卒于于阗。

③ 昙柯迦罗：又译名昙摩迦罗，中印度僧人。译《僧祇戒心》，首开中国受戒度僧之制。

④ 《放光般若经》：与《大品般若经》《光赞般若经》为同本异译。

⑤ 法显：约 337—约 422。平阳武阳（今山西襄垣）人。3 岁出家，20 岁受大戒。

⑥ 阳关：古关名。在今甘肃敦煌西南，和玉门关同为汉唐通西域的门户。

⑦ 师子国：即今斯里兰卡，旧称锡兰。

⑧ 摩诃毗诃罗寺：通称“大寺”，至今仍是斯里兰卡著名的佛教圣地。“诃”音 hē。

⑨ 三藏：佛教经典的总称，含经、律、论三部分。“经”记载的是佛陀的讲说，“律”记载的是僧众宗教生活的规章制度，“论”指大德诠释经文、发挥义理的著作。

⑩ 据报道，在斯里兰卡，巴利文佛经至今仍保存无缺。巴利文是古代印度的一种语言，是佛陀时代摩揭陀国一带的大众语。

⑪ 《佛国记》：又名《法显传》《历游天竺记》《释法显行传》等，成书于义熙十二年即公元 416 年。

时它又是一部古代交通的实录。日本学者足立喜六把《佛国记》誉为西域探险及印度佛迹调查的指南。《大英百科全书》[①] 中收有《佛国记》条目，认为该书的绝大部分记述都“经得起**验证**”。

至今，斯里兰卡还保留有法显庙，法显的故事千百年来一直在人民中间流传。法显住过的“阿跋亚耆厘塔”遗址被命名为“法显村”，并立有纪念碑。人们永远怀念这位为东方文化交流做出过特殊贡献的佛学大师。

验证　yànzhèng
通过实验（实际）来证实。
鼎盛　dǐngshèng
正当兴盛；正值强壮。

二、走向鼎盛及鼎盛之后

隋唐时期，中国佛教发展至**鼎盛**。其时，全国寺院林立，寺院经济高度发展。唐代，中国与天竺的文化交流主要是围绕佛教进行的。当时，曾有许多僧人前往天竺求经，其中最著名的是玄奘和义净[②]。

玄奘像

① 《大英百科全书》：一般指《不列颠百科全书》(*Encyclopedia Britannica*)。
② 义净：635—713。齐州（今山东济南）人，一说范阳（今河北涿州）人。

玄奘俗姓陈，洛州[①]人，通称三藏法师，俗称唐僧。在中国，几乎没有人不知道古典小说《西游记》和唐僧西天取经的**神话**，这个唐僧的原型就是玄奘。

因为全家人都崇奉佛教，从小**耳濡目染**，玄奘对佛学产生了浓厚的兴趣。玄奘 13 岁出家为僧，先在洛阳、长安学习，后走遍神州名山大寺，访师问道，广览国内佛学典籍。学问愈深，疑问愈多，再加上各家所说**纷纭**，难得定论，于是他决定亲自到佛教的发源地——天竺去求法。

唐贞观元年即公元 627 年[②]，玄奘只身一人离开长安西行，途经今新疆吐鲁番即古高昌国和中亚地区，历尽千辛万苦到达天竺。为了研习各派经籍，拜访佛教胜迹，他遍游了几乎整个古印度。在当时的佛教学术中心那烂陀寺[③]等地，玄奘潜心研究佛学。那烂陀寺**住持**戒贤法师年近百岁，是古印度佛学的最高权威，他为玄奘的好学精神所感动，破例为这位远道而来的唐朝高僧讲释《瑜伽师地论》[④]。玄奘在此求学、讲学前后有 8 年之久，精心研读了该寺三座大图书馆所藏的全部佛教经典。

神话 shénhuà
关于神仙或神化的古代英雄的故事，是古代人民对自然现象和社会生活的一种天真的解释和美丽的向往。

耳濡目染 ěrrú-mùrǎn
成语。形容因经常看到和听到而在无形中受到影响。濡：沾染。

纷纭 fēnyún
（言论、事情等）多而杂。

住持 zhùchí
主持一个佛寺或道观（guàn）的僧尼或道士。寺院住持也称"方丈"。

满腹经纶 mǎnfù-jīnglún
成语。形容人很有政治才能，也比喻人很有才学。

经过十几年的苦心研习，玄奘已是**满腹经纶**、无所不通的佛学大师了。唐贞观十九年即公元 645 年，玄奘经南疆于阗回到长安，带回佛经 657 部。此后他便把自己的余生全部献给了佛经翻译事业，20 年间共译出佛经 75 部，计 1335 卷。他的经译以直译为主，配合意译，既不损原意，又便于读者理解。其译本"意达而辞雅"，真可以说是尽善尽美。公元 664 年，玄奘法师在长安与世长辞。

① 洛州：今河南偃师。

② 对玄奘西去天竺的时间，也有书籍记为唐贞观三年即公元 629 年。

③ 那烂陀寺："那烂陀"之名出自古梵文 Nālandā，意思是"知识的给予者"。那烂陀寺位于古代印度摩揭陀国王舍城附近，今比哈尔邦首府东南 90 千米处。据记载，当年那里就是一所佛教大学，佛塔林立，高僧云集，学法修行者总在万人以上。1193 年，这座辉煌学府遭异族入侵，寺院和图书馆被焚毁，从此光辉褪去，渐成废墟。

④《瑜伽师地论》：又称《瑜伽论》《十七地论》。古印度大乘佛教两大派别之一的瑜伽宗的最主要经典之一。玄奘创立的法相宗即以该派理论为基础。

在翻译佛经的同时，玄奘法师还撰写有《大唐西域记》① 一书，这是他为中印文化交流做出的又一卓越贡献。《大唐西域记》详细地记述了玄奘所见所闻 138 国 ② 的历史**沿革**、地理交通、民族源流、宗教信仰、物产气候、风土习俗、语言文字、人物事迹等情况，内容广博，取材严谨，条理清晰，文笔流畅，具有相当高的科学价值和文学价值。如今，这本书已成为人们研究中国新疆地区以及中亚和南亚历史、地理、宗教、文化的最重要、最可靠的资料。该书甚至成了印度历史的一个重要参考系。古代印度文化灿烂，但其历史却几乎全部隐没在一团云雾之中，重大事件、重要人物的年代无从确定。玄奘、法显等中国游僧所撰书籍中的记载，为其历史研究提供了许多依据，就连佛祖释迦牟尼的生卒年代以及许多重要佛迹 ③ 位置的确定，也要借助于玄奘的游记。

由玄奘法师设计建造的大雁塔 ④，至今仍高高地耸立在古城西安的慈恩寺内。该塔又名慈恩寺塔，唐永徽三年即公元 652 年，慈恩寺住持玄奘为**贮藏**和保护由印度带回的经籍，在唐高宗 ⑤ 的支持、资助下，于寺内西院建起了此塔。根据《慈恩寺三藏法师传》卷三，大雁塔名称的由来是：“摩揭陀国有一僧寺，一日有群雁飞过，忽一雁离群落羽，摔死地上，众僧惊异，皆信雁即菩萨，于是决定埋雁建塔以为纪念。”今天，高耸的大雁塔成为中印文化交流的一座不朽丰碑。

> 沿革　yángé
> （事物）发展和变化的历程。
>
> 贮藏　zhùcáng
> 收存并保管；储藏。

---

① 《大唐西域记》：该书由玄奘口述，弟子辩机记录整理。

② 这里所说的 138 国，包括玄奘亲身游历过的 110 国和从听闻中所知的 28 国。

③ 这里所说的重要佛迹，包括王舍城旧址、鹿野苑古刹、阿旃（zhān）陀石窟乃至那烂陀寺遗址等。

④ 大雁塔：原塔为 5 层正方形楼阁式砖塔。武则天时重建。塔现高 64 米，7 层，底层边长 25 米，呈方形角锥状。塔身仿木构楼阁式，砖砌而成，四面辟拱门，沿阶梯可盘旋登塔顶。塔底层南侧镶嵌两块石碑，上有碑文，一是唐太宗李世民所撰《大唐三藏圣教序》，一是唐高宗李治所撰《大唐三藏圣教序记》，均为初唐大书法家褚遂良手迹。

⑤ 唐高宗：名李治，公元 649—683 年在位。

大雁塔

另一位高僧义净，俗姓张，14 岁出家。唐高宗咸亨二年即公元 671 年，义净从长安出发前往印度求法，在巡访了一些佛教圣迹后，即往那烂陀寺学习佛经 10 年，后又到南海室利佛逝国、末罗瑜国[①]一带继续搜求佛经，前后历时约 30 年，共得梵本佛典约 400 部。另外还携回佛舍利[②]300 粒。归国途中，义净又写成《南海寄归内法传》[③]和《大唐西域求法高僧传》两书，记述当时南亚和东南亚一些国家所行佛教律仪以及前往天竺的中国僧人情况。这两本书不仅是珍贵的佛教史料，也是重要的中印关系史料。证圣元年即公元 695 年，义净回到洛阳，受到女皇武则天[④]礼遇。此后他便在东西二都即洛阳和长安主持译事，共译出经律 56 部 230 卷。

---

① 室利佛逝国、末罗瑜国：南海古国名，均在今印度尼西亚苏门答腊岛。

② 舍利：佛教称释迦牟尼遗体焚烧之后结成的珠状物，后来也泛指高僧死后焚烧剩下的骨烬。也叫“舍利子”。“舍”音 shè。

③《南海寄归内法传》：又名《南海寄归传》，简称《寄归传》。书写成于室利佛逝，写成后托人寄归中国，故称。

④ 武则天：624—705。武周皇帝。名曌（即“照”）。并州文水（今属山西）人。公元 655 年被唐高宗立为皇后，参与朝政。公元 690 年废睿（Ruì）宗，改国号为周，自称圣神皇帝。在中国历史上，武则天是唯一一位女皇帝。

隋唐时期佛教发展高度成熟的一个最重要的标志是：在中国汉地，一些独具中国特质的佛教宗派相继形成，它们对佛陀的说教以及各种佛教经典都提出了自己的评判标准①。与此同时，它们也都有各自独特的理论体系和修行方法，且有传法定祖的规矩规范和相对固定的传法道场②，并由此形成各自的祖庭。这些宗派是：天台宗③、三论宗、法相宗④、华严宗、净土宗、律宗、禅宗和密宗。

磨合　móhé
比喻在彼此接触和较长时间的共存中逐渐相互适应、协调。
式微　shìwēi
原为《诗经·邶风》篇名，借指国家或世族衰落，也泛指事物衰落。

宋代以后，隋唐时期形成的汉地佛教宗派在经过长时期的社会选择和宗教内部**磨合**后，多数日趋**式微**。只有注重修炼、具有较强实践性的禅宗高度发达起来，成为最大、最主要的宗派。此外，净土信仰也很盛行——净土宗属于以实践为主的宗派，理论性成分不多，其念佛法门极易为普通百姓所接受。

有研究者指出，如果以"教禅"两字来概括中国佛学，那么"教"的代表是天台宗，"禅"的代表则是禅宗。禅宗被认为是印度佛教中国化的典型，是最具中国特色的佛教宗派，在中国汉地影响最大，传播范围最广，流传时间最长，因主张用禅定⑤概括佛教的全部修习而得名。禅宗既与中国传统文化融为一体，又保持了宗教的超越性。当传至五祖弘忍⑥时，其门下有慧能⑦、神秀⑧两大弟子。初期南方盛行慧能"顿悟⑨说"，北方流传神秀"渐悟⑩说"，史称"南能北秀"或"南顿北渐"。神秀

---

① 这在佛教史上称为"判教"。由天台宗起始，对所有从印度传来的佛教学说加以分类，将纷纭复杂的佛学系统化、逻辑化。

② 道场：佛、道二教诵经、礼拜的场所。佛教指学习佛理及修行的地方。

③ 天台宗：又名"法华宗"，被认为是中国第一个富于创造性的佛教宗派。有学者指出，天台宗之前的佛学，基本上是致力于以汉语准确地翻译表达印度佛学中的概念，而天台宗则以典型的四字汉语结构简练地表现自己的宇宙观（一念三千）、认识论（三谛圆融）和修持论（一心三观、一心三智）等。

④ 法相宗：全称"法相唯识宗"，故亦称"唯识宗"。由玄奘法师初创，弟子窥基完成。

⑤ 禅定："禅"与"定"的合称。意为"安静而止息杂虑"。佛教认为静坐敛心，专注一境，久之可达身心轻松、观照明净的状态，即成禅定。

⑥ 弘忍：602—675。蕲州黄梅（今属湖北）人。7岁随道信禅师出家，习禅得法，成为禅宗五祖。后定居于黄梅双峰山东山寺，四方前来学禅者达数百人，号"东山法门"。

⑦ 慧能：638—713。亦写作"惠能"，传为禅宗六祖，亦被认为是中国佛教禅宗的创始人。

⑧ 神秀：606—706。唐汴州尉氏（今属河南）人。禅宗北宗创始人。出家后即往蕲州东山师从禅宗五祖弘忍，服劳六年，得师器重。师卒后在荆州当阳山玉泉寺传法，门人甚多。

⑨ 顿悟：佛教用语，指顿然破除妄念，觉悟"真理"。《坛经》上说："前念迷即凡，后念悟即佛。""一念愚即般若绝，一念智即般若生。"意思就是说成佛只在于一念领悟，在刹那之间，而不在于长期修习。

⑩ 渐悟：佛教用语，指长期修习，不断排除障碍，渐渐觉悟"真理"。

的北宗传数代即衰，慧能的南宗则盛行不绝并成正统。南宗以《楞伽经》《金刚经》为主要经典，主张“净性自悟”“顿悟成佛”，强调人人都有佛性，均可“见性成佛”。不礼佛，不读经，不立文字，以心传心，明心见性[①]，通俗简易，自称“顿门”。

正因如此，有学者认为，慧能创建禅宗是中国佛教史上的一次宗教革新运动。其意义至少有两点：第一，使开始时烦琐的佛教简易化了。隋唐时期，人们对印度佛教经典进行了极其烦琐的注经和解经工作，如天台宗、唯识宗、华严宗等都是如此。烦琐的东西往往使人不得要领，因而也会渐渐丧失其生命力。禅宗以简易而著称，不仅能使广大的、文化水平不高的劳动群众所接受，而且也为上层统治者所欣赏。这就为后来禅宗替代佛教各宗的地位且兴旺发达起来打下了基础。第二，使佛教进一步实现了中国化。佛教来自域外，要在中国得到发展，必须使自己的思想符合中国文化传统。从初传，到译介，再到各自独立宗派的建立，经历了一个漫长的历史过程。禅宗是印度佛教文化与中国固有文化相互**融会贯通**之后的产物，因而便有了更强大的生命力。

融会贯通　rónghuì-guàntōng
成语。把多种知识或道理融合贯穿起来，以得到系统、透彻的理解。

净土宗又名“白莲宗”“莲宗”，唐代僧人善导[②]为其实际开创者。相传东晋僧人慧远[③]曾在庐山集僧俗百余人结白莲社念佛，发愿往生[④]西方极乐净土，故而得名。该宗以《阿弥陀经》《无量寿经》《观无量寿经》和《往生论》为主要经典，教义简单，方法易行。该宗称西方有一极乐世界，修习者只需一心专念“阿弥陀佛”[⑤]名号，死后灵魂即可往生。净土观念在魏晋后即已深入人心，信者日众。宋明以后渐与禅宗融合，念佛法门亦为其他宗派所吸收。

① 明心见性：佛教指一种彻悟状态，即恢复、显现人们因私念而迷失了的本心与“佛性”。

② 善导：613—681。唐临淄（今山东淄博）人。幼年出家，学成后入长安光明寺倡导念佛，因称“光明善导”。

③ 慧远：334—416，佛图澄的再传弟子。据记载，其结白莲社的时间为公元 402 年，与之同时，鸠摩罗什在长安译出《佛说阿弥陀经》。正因如此，在中国佛教史上，公元 402 年意义非凡。

④ 往生：佛教净土宗认为修行念佛法门的人死后可以生到西方极乐世界或其他佛土。往，指去极乐净土或其他佛土；生，指化生于彼土七宝莲华中。

⑤ 阿弥陀佛：佛教所说西方极乐世界最大的佛（教主）。也译作“无量寿佛”或“无量光佛”。佛教徒常口头念诵，表示祈祷或感谢神灵。

第二节　佛教对中国文化的影响

实际上，佛教自传入中国的第一天起，就因受中国社会历史条件的制约，走上了中国化的道路。经历了约2000年的漫长岁月，佛教为“汉唐气魄”所容纳，所吸取，所消化，所改造，最终成为中国传统文化的一个重要组成部分。

佛教的传入对中国文化产生过广泛而深刻的影响。它的影响既表现在宗教、哲学、思想[①]方面，也深入到文学、艺术[②]、语言等各个领域；它不仅影响了汉族，也对中国其他少数民族，特别是藏族、蒙古族和傣族产生了重要影响。在中国与东北亚和东南亚各国的文化交流中，佛教同样占有着重要地位。

这里仅以哲学、文学以及语言为例简要地加以介绍。

一、哲学

中国现当代哲学家任继愈[③]说过，研读中国哲学史的人，都会发现宋、元、明代的理学[④]家们，如周敦颐、程颢、程颐、张载、朱熹、陆九渊、王阳明等诸大家[⑤]，在青少年时代都有“出入于佛老”的治学经历。已出版的中国哲学史著作中，不少都曾提到过，如朱熹学术中的某些概念、某些比喻，显然均来自佛教。

唐宋及其后的哲学家中，不但唯心主义者继承了佛教，唯物主义者如唐代的柳宗

① 这里的“思想”，主要指人思想观念的改变、精神世界的丰富以及由此而形成的某些民间信仰等。

② 这里所说的“艺术”，包括音乐、绘画、雕塑等诸多方面。

③ 任继愈：1916—2009。山东平原人。生前任国家图书馆馆长、名誉馆长。曾任北京大学哲学系教授，亦曾任中国社会科学院世界宗教研究所所长。有多种学术专著传世。

④ 理学：宋明时期的儒家哲学思想。主要有以周敦颐、程颢、程颐、朱熹为代表的客观唯心主义和以陆九渊、王守仁为代表的主观唯心主义。前者认为“理”是永恒的、先于世界而存在的精神实体，世界万物只能由“理”派生；后者提出“心外无物，心外无理”，认为主观意识是派生世界万物的本原。也叫“道学”。或称“宋明理学”。

⑤ 周敦颐：1017—1073。北宋哲学家、文学家，理学开山祖。程颢、程颐皆其弟子。世称“濂溪先生”。

程　颢：1032—1085。北宋哲学家、教育家。洛阳人。与弟弟程颐同为北宋理学的奠基人。兄弟俩著作编入《二程集》。“颢”音 Hào。

程　颐：1033—1107。北宋哲学家、教育家。洛阳人。与哥哥程颢并称“二程”。

张　载：1020—1077。北宋哲学家。长安（今陕西西安）人。曾在关中讲学，其学派被称为“关学”。

朱　熹：1130—1200。南宋哲学家、教育家。徽州婺源（今属江西）人。理学的集大成者。其哲学思想成为中国封建社会后期占统治地位的官方哲学，明清被列为儒学正宗。“熹”音 Xī。

陆九渊：1139—1193。南宋哲学家、教育家。抚州金溪（今江西临川）人。创立以“心即理”为核心的“心学”。其学说后被王守仁继承发展，构成“陆王学派”。

王阳明：1472—1529。明代哲学家、教育家。名守仁，号阳明，世称“阳明先生”。发展陆九渊学说，标榜“心学”。首次提出“知行合一”思想。

元[①]、刘禹锡[②]，明清之际的王夫之，清代的戴震[③]等，也都是佛教心性论的继承者，只是他们的讲法有所不同罢了。

宋明理学的产生是中国哲学发展史上的一个重大转变。有学者指出，它在很大程度上是受了华严宗、禅宗理论的刺激和影响而产生的。宋明理学从儒家立场出发对佛教哲学进行了系统改造，因此被学界称为“新儒学运动”，而融会了佛教思想的理学又成了中国后期封建社会的统治思想。任继愈先生将其称为“儒教”，并认为它与佛教有着直接继承的关系，特别是在“心性论”问题上，“儒教”是接着佛教讲的。正因为佛教与“儒教”有着这种内在的继承关系，所以佛教在经过“加工”改造后，好像被打败了、衰落了；而实际上，是佛教的宗教修养方法，特别是心性之学的修养方法在“儒教”中合法化了，成了主静、主敬，禅定成了静坐，“**克己复礼**”成了“存天理[④]、灭人欲”。

> 克己复礼　kèjǐ-fùlǐ
> 成语。克己：克制、约束自己；复礼：回复到礼，即奴隶社会和封建社会的社会规范和道德规范。意思是约束自己，使自己的一切言行符合于“礼”。

佛教不仅影响了儒家学说，也同样影响了中国道教的发展。在儒、释、道三家中，道教出现得最晚[⑤]。因此，它从形成的时候起，就不得不与儒家和佛教发生关系，或者说，不得不向儒家，特别是佛教学习，以克服自己在组织形式和认知水平上的原始性缺陷。佛教“教”“学”一体的宗教形态有着强大的生命力，因此为道教提供了一个样板。有研究者断言，没有佛教，道教的形成和发展几乎是无法想象的。

直到近现代，中国知识界仍有人热衷于佛教研究，竟至成为一时风气。一些资产阶级改良派如康有为、梁启超、谭嗣同[⑥]、章太炎[⑦]等，都曾采用佛教的一部分教理作为他们救世的思想武器。甚至早期的马克思主义活动家瞿秋白[⑧]，在走上革命道路时，也曾受过佛教思想的影响。由此可见，佛教的慈悲、平等、无常、无我的思想，在中国近现代知识界是起过一定的启发和鼓舞作用的。

---

① 柳宗元：773—819。唐文学家、哲学家。河东解县（今山西永济）人。其哲学著作有《天说》《天对》等，认为“元气”是世界最高主宰，主张儒、释、道三教调和。

② 刘禹锡：772—842。唐文学家、哲学家。洛阳人。哲学著作有《天论》上、中、下三篇。

③ 戴震：1724—1777。清思想家、学者。安徽休宁人。哲学上认为“气”是宇宙万物发生、发展的根源，反对程朱“存天理，灭人欲”的观点。是清代考据学派的重要代表人物。

④ 天理：宋代理学家把封建伦理看作永恒的道德法则，称之为“天理”。

⑤ 据记载，东汉顺帝在位（125—144）时，张道陵在鹤鸣山创立的五斗米道为道教定型化之初始。

⑥ 谭嗣同：1865—1898。近代改良派政治家、思想家。湖南浏阳人。戊戌变法失败后遇害。有人把他的《仁学》作为新佛学的代表作，认为其寄托于佛教或佛学的，是将中国改造为人间净土的一整套现代社会理想。

⑦ 章太炎：1869—1936。近代民主革命家、思想家。浙江余杭人。名炳麟，别号太炎。

⑧ 瞿秋白：1899—1935。无产阶级革命家、理论家、散文作家。中国共产党早期主要领导人之一。

二、文学

在中国古典文学中，从文学理论到创作技巧，从文体到题材，佛教的影响随处可见。换句话说，佛教对中国文学的影响，既广且深。比如关于“翻译文学”，胡适在其著作《白话文学史》中写道：“佛教徒要传教，不能没有翻译的经典；中国人也都想看看这个外来宗教讲的是些什么东西，所以有翻译的事业起来。”

接着，在介绍了安世高、支娄迦谶、鸠摩罗什等译经大师的活动和成就之后，胡适便谈到了印度文学对中国文学的影响：“印度的文学有一种特别体裁：散文记叙之后，往往用韵文（韵文是有节奏之文，不必一定有韵脚）重说一遍。这韵文的部分叫作‘**偈**’。印度文学自古以来多靠口说相传，这种体裁可以帮助记忆力。但这种体裁输入中国以后，在中国文学上却发生了不小的意外影响。弹词里的说白与唱文夹杂并用，便是从这种印度文学形式得来的。”

> 偈　jì
> 佛经中的唱词。
>
> 参禅　cānchán
> 佛教语。指佛教徒静坐冥想领会佛理。

有关佛教对中国文化影响的方方面面，本教材下册“中印文化交流”一节中仍有全面叙述，因此这里有关文学方面的影响，重点谈谈禅诗。

袁行霈在《诗与禅》一文中指出：“诗与禅是两种不同的意识形态，一属文学，一属宗教。……它们的归趣显然是不同的。然而，诗和禅都需要敏锐的内心体验，都重启示和象喻，都追求言外之意。这又使它们有了互相沟通的可能。禅宗在唐代确立以后，就在诗人中间产生了广泛的影响，他们谈禅、参禅，诗中有意无意地表现了禅理、禅趣。而禅师也和诗人酬唱、吟和，在诗中表现他们对世界和人生的观照与理解。于是，诗和禅就建立了联系。”

人们通常把宣扬佛理或具有禅意禅趣的诗称为“禅诗”。有些作品用禅语阐述禅理，只有诗的躯壳而没有诗的审美价值。这样的东西，在研究诗歌的学者看来，不能算诗，可以忽略不计。

历代僧人、文人所创作的禅诗，据研究者统计，总数量在三万首以上，是中国古典诗歌遗产中的一个重要组成部分。除了“以禅入诗”之说，如唐诗人皮日休《题支山南峰僧》中的“池里群鱼曾受戒，林间孤鹤欲**参禅**”，宋僧人道潜《口占绝句》中的

"禅心已作沾泥**絮**，不逐春风上下飞"等等；还有一种说法叫作"以禅喻诗"①，被认为是禅向诗歌渗透的另一个方面，其内容包括用参禅的态度和方法去阅读、欣赏诗歌作品，用禅家的某些说法来品评诗歌作品的高下，用佛教禅宗的一些观点论述诗歌创作的**奥妙**等。于是也便有了类似"学诗**浑似**学参禅"的著名诗句。

絮 xù
即柳絮。柳树的种子，上有白色绒毛，随风飞舞，形似棉絮，故称。

奥妙 àomiào
（道理、内容、技艺）深奥微妙。

浑似 húnsì
非常像；酷似。

可见一斑 kějiàn-yībān
成语。（从竹管里看豹子）能见到豹子身上的一块斑纹。比喻可以从部分推知全体，从一点推知全貌。

禅与诗的关系，由此**可见一斑**。金②诗人元好问③给这种关系下的定义是："诗为禅客添花锦，禅是诗家切玉刀。"

从一本今人辑录的古代禅诗作品集——《明月藏鹭：千首禅诗品析》④中，我们还可以读到不少充满佛趣哲思的偈、颂与诗篇，这里仅选举几例，供学习者品鉴欣赏：

唐代赵州从谂禅师《莲花颂》，既颂扬莲的"出淤泥而不染"，也写了"莲"与"淤泥"的关系：

奇异根苗带雪鲜，
不知何代别西天。
淤泥深浅人不识，
出水方知是白莲。

唐代长沙景岑禅师《示僧偈》，意在勉励僧众修行不可止步：

百尺竿头不动人，
虽然得入未为真。
百尺竿头须进步，
十方世界是全身。

唐武宗于会昌五年即公元 845 年下诏灭佛，寺庙被毁，僧人还俗，佛界惊恐。龟山真智禅师作《因沙汰示众偈》，意在给出家人以警示：

① 以禅喻诗：南宋文学批评家严羽（约 1192—约 1265）倡导"妙悟说"，以为"论诗如论禅"，认为"禅道唯在妙悟，诗道亦在妙悟"。

② 金：中国历史朝代，1115—1234。北宋末女真族完颜部首领阿骨打所建，建都会宁（今黑龙江省阿城南），国号金。

③ 元好问：1190—1257。金代诗人。太原秀容（今山西忻州）人。祖系出自北魏拓跋氏。兴定（金宣宗完颜珣年号）进士。曾任行尚书省左司员外郎等职。金亡不仕。工诗文，在金元之际颇负重望。其《论诗》绝句三十首，在诗歌批评史上颇有地位。

④《明月藏鹭：千首禅诗品析》：冯学成著，四川文艺出版社，1996 年。

敕命如雷下翠微，
风前垂泪脱禅衣。
云中有寺不容住，
尘里无家何处归？

北宋政治家、文学家王安石在推行变法时写下的《登飞来峰》，既有豪情，又有**蕴意**：

> 蕴意　yùnyì
> 包含的意义。

飞来峰上千寻塔，
闻说鸡鸣见日升。
不畏浮云遮望眼，
只缘身在最高层。

南宋理学集大成者朱熹曾将参禅所得写入自己的诗中，其中的《观书有感》对后世影响至深：

半亩方塘一鉴开，
天光云影共徘徊。
问渠那得清如许？
为有源头活水来。

该书中还专门写到了唐诗人崔颢，除录下了他禅意深远的七律《黄鹤楼》外，还录了他的《长干曲》(前二首)：

君家何处住？
妾住在横塘。
停船暂借问，
或恐是同乡。

家临九江水，
来去九江侧。
同是长干人，
生小不相识。

编者认为，《长干曲》虽是言情诗，但**蕴藉**无邪，给人以广阔的想象空间，历来为禅家所推重。

> 蕴藉　yùnjiè
> (言语、文字、神情等)含蓄而不显露。

三、语言

讲语言方面的影响，这里主要说词汇。梁启超说，佛教的传入至少给汉语增加了35000 多个新词语，也就等于增加了无数的新概念和新观念。其结果是：一方面，促进了文章意念的表达、境界的提升；另一方面，通过语言文字的力量阐明因果业报的道理，对于社会人心的净化也有助益。

众所周知，佛教的传播是与佛经的翻译同步进行的。几乎与之同时，佛学研究也逐渐展开。正是在这个过程中，佛教的大量用语源源不断地进入了汉语，除了反映佛教教义、佛教制度、佛教仪礼以及各种称呼和概念的大量名词术语外，还有不少从佛经文字、佛经故事和佛教**典故**转化而来的成语，皆逐渐固化为汉语的基本词汇和重要的表达形式，其中的许多至今依然活跃，如：

> 典故 diǎngù
> 诗文所称引的古书中的故事或词句。

不二法门 bù'èr-fǎmén 不二：没有差异；法门：佛教指入道的门径。后用以比喻最好的、独一无二的门径或方法。

不可思议 bùkě-sīyì 佛教指道理神秘奥妙，不可用心意思量，也不能用言语表达。后用以形容不可想象或无法理解。

大千世界 dàqiān-shìjiè 佛经说世界有小千、中千、大千之别，世界的千倍为小千世界，小千世界的千倍叫中千世界，中千世界的千倍叫大千世界，总称“三千大千世界”。现用以指广阔无边的世界。

皆大欢喜 jiēdàhuānxǐ 《法华经》：“佛说是经时……一切大会，皆大欢喜。”意思是大家全都满意、欢欢喜喜。

盲人摸象 mángrén-mōxiàng 语本《大般涅槃经》。比喻只看到事物的一部分，就做出以偏概全的论断。

梦幻泡影 mènghuàn-pàoyǐng 佛教用语。指梦境、幻境、水泡和影子。后用以比喻不能实现的空想或虚无缥缈的东西。

昙花一现 tánhuā-yīxiàn 昙花：梵语优昙钵花音译的简称，花白色，开放时间极短。语本《妙法莲华经》。现用来比喻稀有事物或风云人物一出现就很快消失。

醍醐灌顶 tíhú-guàndǐng 醍醐：从牛奶中提炼出来的精华。佛经中将其比喻为最高的佛法、最高的智慧。比喻灌输智慧，使人豁然领悟。也比喻阐释道理，给人以极大的启示。

天女散花　tiānnǚ-sànhuā　佛教故事。语本《维摩诘经》。本指天女散下花来，以花着不着身验证诸菩萨的问道之心。后常借用来比喻大雪纷飞的景象。

味同嚼蜡　wèitóngjiáolà　语本《楞严经》。味道像嚼蜡一样。形容诗文或讲话等枯燥无味。

五体投地　wǔtǐ-tóudì　五体：头和四肢。语出《楞严经》。指佛教徒行最高礼节时，两肘、两膝和头全部与地面接触，以表尊敬和虔诚。后比喻敬佩、崇拜到了极点。

现身说法　xiànshēn-shuōfǎ　佛教用语。语本《楞严经》。据说佛能现出种种身形，向人宣讲佛法。后用来指用亲身经历或体会对人进行启发或劝说。

想入非非　xiǎngrùfēifēi　非非：佛家所说的非一般认识力所能达到的玄虚境界。语本《楞严经》。后指沉迷于不切实际的虚幻境界或胡思乱想。

安身立命　ānshēn-lìmìng　语出北宋道原所撰禅宗史书《景德传灯录》（景德：宋真宗年号；传灯：佛家指传法，佛法可以破除迷信，犹如明灯，故称）。安身：有地方存身；立命：精神上有信仰有寄托。指生活有依靠，精神有寄托。

本来面目　běnlái-miànmù　佛家用语。语出《景德传灯录》。原指人本有的心性或本分。现指人或事物原来的样子。

痴人说梦　chīrén-shuōmèng　语出北宋惠洪《冷斋夜话》。本指对痴呆的人说梦话，而痴呆的人信以为真。现比喻像愚蠢的人一样尽说些不可靠或根本办不到的荒唐话。

打成一片　dǎchéng-yīpiàn　语出《五灯会元》（删繁就简，合《景德传灯录》《天圣广灯录》《建中靖国续灯录》《联灯会要》《嘉泰普灯录》5种"灯录"于一，故称）。原意是把各种感情和遭遇看作一回事。现指彼此融合在一起。形容关系密切，感情融洽，不分彼此。

单刀直入　dāndāo-zhírù　语出《景德传灯录》。原比喻认定目标，勇猛上进。后用来比喻说话或办事直截了当，不绕弯子。

顶天立地　dǐngtiān-lìdì　语出《五灯会元》。头顶着天，脚踩着地。形容光明磊落、形象高大、气概豪迈。

方便之门　fāngbiàn-zhīmén　方便：本佛教语，指用不同的传教方式劝各种各样的人信佛。后指可以便利通过的门路。

隔靴搔痒　géxuē-sāoyǎng　语出《五灯会元》。隔着靴子挠腿、脚上的痒处。比喻说话、作文或做事没有抓住要领，不能解决问题。

家破人亡　jiāpò-rénwáng　语出《景德传灯录》。家庭毁灭，亲人死亡。形容家庭惨遭不幸。

街头巷尾　jiētóu-xiàngwěi　语出《五灯会元》。泛指大街小巷。

枯树逢春　kūshù-féngchūn　语出《景德传灯录》。又作“枯木逢春”。枯树遇到了春天。比喻经历苦难又重新获得生机。

泥牛入海　níniú-rùhǎi　语本《景德传灯录》。比喻一去不复返。

抛砖引玉　pāozhuān-yǐnyù　语出《景德传灯录》。抛出砖，引来玉。现常用作谦辞。比喻用自己粗浅的、不成熟的意见或文章，引出别人高明的、成熟的意见或作品。

清规戒律　qīngguī-jièlǜ　佛教用语。原指佛教徒必须遵守的寺规和戒条。现比喻过于烦琐的规章制度。

三灾八难　sānzāi-bānàn　佛教指水灾、火灾、风灾为大三灾，战争、饥荒、瘟疫为小三灾；指影响见佛求道的八种障碍为八难，如作恶多端、安逸享受、盲哑残疾、自恃聪明等等。后用以形容多灾多难，极不顺利。

水到渠成　shuǐdào-qúchéng　语出《景德传灯录》。水流到了，自然就有一条渠形成。比喻条件成熟了，事情自然会成功。

天花乱坠　tiānhuā-luànzhuì　据说佛祖讲经时感动了上天，于是各色鲜花从天上纷纷落下。《高僧传》中亦讲有类似故事。语出《景德传灯录》。后用以比喻说话写文章浮夸动听，虚妄迷人。

头头是道　tóutóu-shìdào　佛教用语。语本《续传灯录》。原指处处都存在着道。后形容说话、作文层次分明，条理清晰。

万劫不复　wànjié-bùfù　语出《景德传灯录》。万劫：佛家称世界从生成到毁灭的一个过程为一劫，万劫即万世。指永远不能恢复。

狭路相逢　xiálù-xiāngféng　语出《景德传灯录》。意思是在狭窄的路上相遇，无处可以避让。后用来比喻仇人相遇，不肯轻易放过。

心心相印　xīnxīn-xiāngyìn　佛教用语。本指传授佛法不借助文字，而以心互相印证。后用以比喻彼此的思想感情和境界完全一致。

雪上加霜　xuěshàng-jiāshuāng　语本《景德传灯录》。比喻接连遭受灾祸或不幸，苦上加苦。

鸦雀无声　yāquè-wúshēng　语本《景德传灯录》。本指没有鸟雀的叫声。后形容静悄悄的，一点儿声音都没有。也作"鸦雀无闻"。

一尘不染　yīchén-bùrǎn　佛教把"色、声、香、味、触、法"叫作"六尘"，把"眼、耳、鼻、舌、身、意"叫作"六根"，把"六根清净"叫作"一尘不染"。原指佛教徒修行要排除物欲杂念，保持身心纯洁。后用以形容非常洁净或不沾染一点儿坏习气。

鹦鹉学舌　yīngwǔ-xuéshé　语本《景德传灯录》。鹦鹉学人说话。比喻别人怎么说，它也跟着怎么说（含贬义）。

游山玩水　yóushān-wánshuǐ　语出《景德传灯录》。游览、观赏山水风景。

有口皆碑　yǒukǒu-jiēbēi　语本《五灯会元》。碑：记录功绩的石碑。所有的人都用嘴来替他当记功碑。形容人人歌颂、称赞。

自由自在　zìyóu-zìzài　语出《景德传灯录》。形容不受限制，无拘无束；安闲舒适。

自作自受　zìzuò-zìshòu　语出《五灯会元》。指自己造下的罪孽，自己承担其后果。

类似的源自佛教的汉语成语，可以检索到很多，这里列举的恐怕只是一小部分。此外，还有一些八字成语也源自佛教，如：

百尺竿头，更进一步　bǎichǐ-gāntóu, gèngjìnyībù　语本《景德传灯录》："百尺竿头须进步，十方世界是全身。"原是佛教用来比喻修养达到最高境界的语句。现用以勉励人们在工作和学习上不要满足于已经取得的成绩，而应该继续努力，不断前进。

道高一尺，魔高一丈　dàogāoyīchǐ, mógāoyīzhàng　道：指佛家修行的功夫；也指正气。魔："魔罗"的略称，指破坏修行的恶魔，有时也指烦恼等"迷障"，即所谓邪气。原指佛家警告修行者，要警惕外界的诱惑。后用来比喻正气与邪气此消彼长，有时也比喻正义终将战胜邪恶。

放下屠刀，立地成佛　fàngxià-túdāo, lìdì-chéngfó　佛教用语。原是佛教劝人改恶从善的话，指有杀生行为的人只要放下屠刀，马上就可以成佛。后用来比喻行凶作恶的人只要决心悔改，仍能变成好人。

苦海无边，回头是岸　kǔhǎi-wúbiān, huítóu-shì'àn　佛教用语。意思是痛苦和磨难像大海一样无边无际，但只要皈依佛法，彻底觉悟，就能获得超度、解脱。

快马一鞭，快人一言　kuàimǎ-yībiān, kuàirén-yīyán　语出《景德传灯录》。形容豪爽的人，一句话就直截了当地说出自己内心的想法。一般指说话算数，说一句是一句，绝不反悔。

上天无路，入地无门　shàngtiān-wúlù, rùdì-wúmén　语出《五灯会元》。形容处境窘迫，没有解脱的门路。

一人传虚，万人传实　yīrén-chuánxū, wànrén-chuánshí　语出《景德传灯录》。一个人传是假的，传的人多了就被认为是真的了。

种瓜得瓜，种豆得豆　zhòngguā-déguā, zhòngdòu-dédòu　佛教用语。比喻因果报应关系。种了什么，就收获什么。比喻做什么样的事，就有什么样的结果。

思考题：

1. 佛教东传中国并最终成为中国传统文化的一个重要组成部分，其最主要的原因是什么？

2. 佛教对中国文化产生了哪些影响？请举实例从某个方面加以述说。

3. 从遍布中国各地的佛教寺院，可以看出佛教文化曾经经历过的辉煌。你参观过哪些有名的寺院？请说说你的观感。

4. 试述唐代高僧玄奘的事迹及其在中外文化交流史上的贡献。

5. 佛教的传入给汉语增加了成千上万个新词语，其中也包括成语。除教材中引介的几十个成语之外，我们还能检索出其他一些，比如“不即不离、恒河沙数、一丝不挂、佛口蛇心、佛头着粪、七手八脚、三生有幸、善男信女、顽石点头、芸芸众生”等。请查阅词典，对这 10 个源自佛教的成语的意思加以解释。

填空练习：

1. 佛教起源于古印度，中国史书中称之为___（1）___。佛教徒称佛教的创立者乔答摩·悉达多为___（2）___，意思就是“释迦族的圣人”。东汉时期，汉明帝刘庄派使者西去古印度取经求法。公元___（3）___年，使者与两位天竺高僧一起用白马驮回佛像和佛经。明帝下诏在洛阳故城西建起了中国第一座佛寺，名___（4）___。

2. 魏晋时，有些中国僧人不满足于转译的佛经，决心亲赴天竺探求梵本。其中最著名的是东晋僧人___（1）___。他是踏上佛教发源地的___（2）___中国僧人。为求得更多经律，他还曾南下___（3）___。归国后，除了夜以继日地翻译佛经，他还把自己西行求法的经历写成一本书，取名《___（4）___》。

3. 唐代，中国与古印度之间的文化交流主要是围绕___（1）___进行的。高僧___（2）___法师可以说是赴古印度取经的最有名的人物，中国古代“四大名著”之一的神话小说《___（3）___》中的“唐僧”，就是以他为原型创作的。此外，他还撰写有《___（4）___》一书，为后世学者研究中亚和南亚的历史、地理提供了既重要又可靠的资料。

第三章　中外文化的第二次大交汇：西学东渐

内容导读：

本章介绍的是历史上中国文化与外域文化的第二次大交汇。若以起始时间计算，这一次的大交汇发生在第一次大交汇的1500年之后。明末清初，天主教耶稣会传教士来华，在传教的同时，也将欧洲的古典哲学、逻辑学、美术、音乐以及西方文艺复兴时期的自然科学知识和科技成就等带进了中国。尤其是较为先进的自然科学知识，多是值得中国人吸收采纳的新鲜学问。其代表人物利玛窦的事迹与贡献，尤其值得人们认真地予以关注。西学东渐打开了一部分中国知识分子的眼界，带给了他们新的世界观念和思维方式。遗憾的是，限于当时中国的社会环境，至清雍正初年，随着耶稣会士被逐出中国国门，本不是浩浩洪流的西学东渐之水在流淌了100余年之后便因阻塞而中断。

授课建议：

讲清西学东渐产生的大的历史背景及其大致过程是必要的，但本章的教学重点还是应该放在：(一) 利玛窦的事迹——他的实践，他的眼光，他的思想，他的影响力。(二) 由“利玛窦们”的努力引发的中西文化交流在中国的成果——西学对于中国文化的影响。尽管影响十分有限，但它还是为晚清的西学东渐开辟了道路，提供了借鉴。(三) 需要提醒的是，“利玛窦们”也将中国的传统文化介绍到西方，从而开阔了西方人面向东方的眼界，只是这一方面的内容不在本章中涉及。

授课时长：10～12学时。

中国文化与外域文化的第二次大交汇发端于明朝万历[①]年间，即16世纪末至17世纪初。以意大利人利玛窦[②]为代表的天主教耶稣会[③]传教士来华传教，是这一次文化大交汇得以发生的主因。

早于利玛窦300年，已经有一个欧洲人来到并记录了中国，这个人就是意大利旅行家马可·波罗[④]。1271年，马可·波罗开始了他从欧洲到东方的长途之旅，四年后进入中国新疆，越沙海经河西走廊到达元上都[⑤]。他在中国游历了17年之久，足迹遍及大江南北。回国后，在热那亚狱中，在一位狱友的帮助下，他写出了一本名为《马可·波罗游记》的书，第一次向欧洲人揭开了奇异的东方世界之谜，把一个**地大物博**、多姿多彩的中国形象展现在西方人面前。《马可·波罗游记》开阔了中世纪欧洲人的视野，激发了一代又一代的西方航海家、旅行家、商人、传教士、文化人对于东方世界的向往，被誉为"世界一大奇书"。研究者称，马可·波罗是推动东西文化交流的先驱和使者。

不过，在相当长的一段时间里，《马可·波罗游记》似乎只被西方人当作**海外奇谈**，对中西双方并没有产生更多的思想影响。正式把**西学**介绍给中国并把中国的思想文化传递到西方世界去的，恰是明末清初来华传教的利玛窦及其后那些**锲而不舍**的追随者们。

利玛窦等耶稣会士在传教的同时，带来的不仅是西方人的思想观念，还有西方的科学技术知识，比如天文历法、数学、地理学、物理学以及火器制造等。科学知识的输入对当时中国**士大夫**阶层中的少数先进分子起了一种"唤醒"的作用，客观上促进了中西

> 地大物博　dìdà-wùbó
> 成语。土地广大，物产丰富。
>
> 海外奇谈　hǎiwài qítán
> 外国的奇异传说，也指没有根据的、稀奇古怪的言谈议论。
>
> 西学　xīxué
> 西洋的学术，旧指欧美各国的社会科学和自然科学。
>
> 锲而不舍　qiè'érbùshě
> 成语。本来的意思是一直刻下去而不停止。比喻有毅力，有恒心。
>
> 士大夫　shìdàfū
> 泛指封建社会的官僚阶层和有地位的知识分子。

① 万历：明神宗朱翊（Yì）钧年号。始于1573年，终于1620年。

② 利玛窦（Matteo Ricci）：1552—1610。"窦"音dòu。

③ 耶稣会：天主教最大的男修会。1534年由圣罗耀拉在巴黎创立，1540年经教皇保罗三世批准。其组织特色是中央集权，主要从事传教、教育活动，并组成传教团，积极宣传反宗教改革。1556年圣罗耀拉去世时，该会会士已遍布全世界。该会于1773年被迫解散，直至1814年才予恢复。"耶稣"音Yēsū。

④ 马可·波罗（Marco Polo）：1254—1324。

⑤ 元上都：在今内蒙古多伦县境内。

科学文化的交流，因此成为当时东西“两大文明之间文化联系的最高范例”[①]，历史上称此为“西学东**渐**”。

> 渐 jiān
> 慢慢伸入。引申为“传入”。

第一节 利玛窦来华的历史背景

15 至 16 世纪，在欧洲，地圆学说已广为传播。人们据此相信，从欧洲海岸出发，只要一直向西，便可抵达东方。而东方，依据马可·波罗的描绘，是由黄金和香料建成的天堂。其时，欧洲已经形成了一些实力强大的民族国家，如英国、法国、葡萄牙和西班牙等。在一些人的心目中，任何事业都可以在国家的赞助下进行。中国“四大发明”之一的指南针当时已经传入欧洲，而欧洲的造船业也已达到相当的水平，于是便先后有了意大利航海家哥伦布[②]以及葡萄牙航海家达·伽马[③]和麦哲伦[④]的**探险**远航。远航最本初的目的当然是追逐黄金。哥伦布的一段话被认为是当时欧洲人心理的真实写照，他说：“黄金是一个令人惊叹的东西。谁有了它，谁就可以**为所欲为**，做到一切。有了黄金，可以把灵魂送上天堂。”

> 探险 tànxiǎn
> 到从来没有人去过或很少有人去过的艰险地方考察（自然界的情况）。
>
> 为所欲为 wéisuǒyùwéi
> 成语。想干什么就干什么，想怎么干就怎么干（含贬义）。
>
> 妄谈 wàngtán
> 妄言；虚妄的话。
>
> 赤裸裸 chìluǒluǒ
> 比喻毫不掩饰的样子。
>
> 压榨 yāzhà
> 比喻剥削或搜刮。
>
> 掠夺 lüèduó
> 用强力夺取（土地、资源、财物等）。

航海家远航的成功，特别是麦哲伦环球航行的成功，以铁一般的事实证明了地圆说绝非**妄谈**，由此也宣告了一个新的时代的到来，使世界的形势大大改观。另一个铁一般的事实是：远航最终变成了**赤裸裸**的**压榨**和**掠夺**，也促成了欧洲

① 此句引自英国科学家李约瑟（Joseph Needham）博士所著《中国科学技术史》第 4 卷。

② 哥伦布（Cristoforo Colombo）：约 1451—1506。意大利人。1476 年移居葡萄牙，相信地圆说，曾向葡萄牙国王建议探索通往东方的航路，未被采纳。1485 年移居西班牙，终得西班牙国王资助，并于 1492 年 8 月率船队远航。

③ 达·伽马（Vasco da Gama）：约 1469—1524。葡萄牙航海家。1497 年奉葡萄牙国王之命首次远航，探索通往印度的航路。

④ 麦哲伦（Fernão de Magalhães）：约 1480—1521。葡萄牙航海家。1517 年移居西班牙。1519 年奉命远航，1521 年至菲律宾，因干涉岛民内争，被当地居民所杀。此次远航证实了地圆说。

殖民者向东方乃至整个世界的无休止的**扩张**。

最早走上殖民扩张道路的是葡萄牙和西班牙这两个中央集权[①]制的封建国家。葡萄牙扩张的主要方向是非洲和亚洲国家，同时也趁机入侵了美洲[②]；相比于葡萄牙，西班牙的海外殖民地要大得多，其主体部分都在美洲新大陆[③]。

16世纪，最先来到中国的是葡萄牙殖民者[④]。耶稣会士则趁机**接踵**而至。

葡萄牙殖民者最早来到中国是在明正德十二年即1517年。他们首先占据了广东沿海的一个小岛，几年后曾为明军所逐。但葡萄牙人屡逐屡回，总是不肯离开中国。最终，他们占据了澳门。

澳门位于广东省珠江三角洲南端的一个半岛上，又称“香山澳”，也称“濠镜澳”。明朝时，政府原在广州设市舶司[⑤]，以管理广东对外贸易事宜。后来，广东市舶司改易地方，先移于电白县，后又移于澳门。从此，澳门便成了广东对外贸易的中心。当时南洋各国商人多来此进行贸易活动，葡萄牙殖民者也混杂其间。嘉靖三十二年即1553年，葡萄牙殖民者托言商船遇到风浪，请求上岸“晾晒货物”。他们用金钱买通了明朝负责海事的地方官吏，获准入驻澳门。

在澳门，开始时他们不过是搭棚栖息，不久便开始建房屋居住。为坚守自己的信仰，他们还在岛上修建教堂；后来又借口防御荷兰人来攻[⑥]，公然在澳门建筑城墙。葡萄牙殖民者以澳门为基地，从事公开贸易以及**走私**贸易，贩进运出各种货物，从中**牟取暴利**。

利玛窦就是在这样的大背景下来到中国的。

> 殖民　zhímín
> 原指强国向它所侵占的地区移民。在资本主义发展时期，指资本主义国家掠夺和奴役不发达国家或地区的人民。被侵占的国家或地区称“殖民地”。
>
> 扩张　kuòzhāng
> 扩展（领土或势力范围）。
>
> 接踵　jiēzhǒng
> 后面人的脚尖挨着前面人的脚后跟，形容人或事物一个又一个接连不断。
>
> 走私　zǒusī
> 非法贩运货物出入国境，逃避检查和纳税。
>
> 牟取　móuqǔ
> 通过不正当的手段谋取。
>
> 暴利　bàolì
> 用不正当的手段在短时间内获得的巨额利润。

① 中央集权：国家统治权力集中统一于中央政府的制度，地方政府直接接受中央领导并按中央的政策法令办事。

② 这里指葡萄牙也把南美洲的巴西变成了自己的殖民地。

③ 新大陆：美洲的别称。因为15世纪欧洲人才发现这块大陆并向这里移民，所以叫“新大陆”（以区别于欧洲旧大陆）。

④ 当时，中国人称葡萄牙为“佛郎机”。

⑤ 市舶司：官署名。唐时在广州设市舶使，为市舶司前身。宋于广州、泉州、杭州等地设市舶司，负责检查出入海港的中外互市船舶，征收商税，管理外商等。元、明时称市舶提举司，长官称“提举”。职能与现代海关相似。

⑥ 其“借口”的依据是：17世纪初，荷兰殖民者便不断对中国大陆东南沿海和台湾进行侵扰，并最终于1642年击败西班牙人，独占台湾。

第二节　利玛窦在华的主要活动及贡献

1582 年，利玛窦抵达澳门，标志着西学东渐的开始。紧随其后，一批批的耶稣会士相继来华。这些传教士肩负着罗马教廷[①]向东方实行宗教殖民的使命。为了叩开封闭的“远东的伟大帝国”的大门，“不使中国人感觉外国人有侵略远东的**异志**”，利玛窦开始时便确立了“学术传教”的方针，即通过介绍西洋科学、哲学、艺术，引起中国士大夫阶层的注意和敬重，从而不断扩大耶稣会的影响。至 1773 年耶稣会奉教皇[②]之命解散，在这前后约 200 年的时间里，中国在**天文**、**历算**、地理、机械，乃至音乐、绘画、语言等许多方面都受到了西方的巨大影响。

异志　yìzhì
这里的意思是企图、意图或险恶目的。

天文　tiānwén
日月星辰等在宇宙间的分布、运行情况和变化规律；这里指天文学，即研究天体的位置、分布、运动、形态、结构和演化等的科学。

历算　lìsuàn
即历法，指用年、月、日依一定法则组合，以记录和计算时间的方法。主要有阳历、阴历和阴阳历。

利玛窦像

① 教廷：天主教会的最高统治机构，设在梵蒂冈。

② 教皇：天主教会的最高首领，由枢机主教（天主教罗马教廷中最高一级的主教，由教皇任命，也叫红衣主教）选举产生，任期终身。也叫罗马教皇。

利玛窦于1597年被任命为耶稣会中国传教会会长。开始时他在广东肇庆[①]，后又相继在南京、南昌、苏州等地传教，直到1601年初才得以进入北京，并受到明神宗礼遇。利玛窦传教时注意顺应中国礼俗。初到广东，他曾以“僧”自称；到北京后，便以尊儒为旗号，公开攻击佛教，因此深得朝廷官员及士大夫们的推崇。其所著《天主实义》《天主教要》《畸人十篇》[②]《交友论》《辩学遗牍》[③]《**乾坤**体义》等，皆努力向儒家学说靠拢，以使其说教易于被中国人所接受。经过多年的努力，利玛窦终于获得了中国皇帝的支持，于1609年在北京创立了天主会，并获准修建教堂。与其同时或稍后来华的其他一些传教士则协助他在广东、江西、江苏、浙江、山东、山西、陕西等地传教。至1610年利玛窦在北京逝世时，全国受洗入教的天主教徒已达2500余人。

> 乾坤　qiánkūn
> “乾”代表天，“坤”代表地。“乾坤”指天地，也指日月、国家。
>
> 祭天　jì tiān
> 祭：祭祀；祭奠；祭拜。天：迷信的人指万物的主宰；造物者。
>
> 祀　sì
> 祭祀。义与“祭”“拜”同。
>
> 拜孔　bài Kǒng
> 祭拜儒家学派创始人孔子。

利玛窦的传教方式主要有三条：（1）走上层路线，与官僚士大夫广泛结交，力争得到他们的支持并最终得到皇帝的支持，因而得以在中国站稳脚跟。（2）追随中国风尚，以减少传教阻力，比如努力学习包括方言在内的汉语，读儒家书籍，穿儒者服装，且以儒家经典之说解释基督教[④]教义，力图说明基督教教义与儒家思想是相通的；他甚至修改教规，允许中国教徒**祭天**、**祀**祖、**拜孔**等。（3）介绍西方先进的、有实用价值的科学技术知识，以赢得朝廷、官府和士大夫们的好感和信任。

以上三条意味着，为了扫清西方文化进入中国的障碍，使西方文化易于为中国社会所接受，利玛窦进行了西学中国化的努力。

首先，是西学传播主体的中国化，即说中国话，写中国字。利玛窦给自己起了一个中文名字，还学中国士大夫的普遍做法，为自己取别号“西泰”；并依照中国风俗，

① 肇庆：地名，在广东省。“肇”音Zhào。

② 《畸人十篇》是《天主实义》的姊妹篇，同样采用问答式，凡二卷。畸人：奇特的人，也指不合于世俗的异人。“畸”音Jī。

③ 《辩学遗牍》：辩学，亦作“辨学”，“逻辑学”的旧称。一般认为中国古代名家学说中有丰富的逻辑思想，而名家重名辩，故称。利玛窦作《辩学遗牍》首先使用此称。后曾一度流行。现作为译名已不再使用。“牍”在这里的意思是“书籍、文书”，音dú。

④ 基督教：世界三大宗教之一。公元1世纪产生于亚洲西部地区，奉耶稣为救世主。流传到罗马帝国，4世纪被定为该国国教，后又传到欧洲各国。基督教于11世纪分裂为天主教和东正教。16世纪宗教改革以后，又陆续从天主教分裂出许多新的教派，合称“新教”。中国所称的基督教，多指新教。

见人**打躬作揖**，而不握手；见了中国高官，甚至屈膝**下跪**。刚到中国的时候，利玛窦曾剃去头发，刮掉胡须，穿上和尚服。其在广东肇庆所建的教堂，式样很像是中国的佛教寺庙，门首还挂一块匾额，上写“仙花寺”，**中堂**题“西来净土”四字。后来，当他听说并眼见僧人在中国并没有想象中那样高的地位时，就在形象上做出改变，开始留发蓄须，改穿儒服，使自己一下子从“**番**僧”变成了“西儒”。

打躬作揖 dǎgōng-zuòyī
成语。旧时一种礼节，双手抱拳，弯腰行礼。现多用来形容恭顺恳求。

下跪 xiàguì
屈膝并使膝盖（一个或两个）着地，对人表示尊敬、感谢或哀求。

中堂 zhōngtáng
正中的厅堂。

番 fān
指外国或外族。

其次，在传播内容方面，利玛窦也附会中国本土文化，或与中国本土文化相结合。比如他在《天主实义》等书中便引用儒家思想来论证基督教义，说儒家经典《尚书》[①]等书中所说的“上帝”就是西人所说的“天主”。他画《坤舆万国全图》时，也尽量迎合中国士大夫的传统心理。在他之前，中国人也曾刻印过一些天下总图，图上只有中国的若干个州或省，中国以外有海洋，海中有些小岛，岛上标明当时所知的国名。而在当时西方人的笔下，在他们的世界地图上，世界分为五大洲[②]，中国仅是其中一洲的一部分，而且中国被画在全球的一个角落上，看上去显得很小。起初，利玛窦向中国士大夫展示的就是这样一幅地图。

中西两种地图的差距简直太大了。在当时，中国居于天下之中央、为天下最大的观念**根深蒂固**。因此，对西人的地图，中国的士大夫们当然十分不满。在这种情况下，利玛窦对西人的地图做了一些修正，把中国放在了全图中央这样的显眼位置上。这样做的结果是：既满足了中国士大夫的传统心理，又让他们获得了新的知识，知道世界很大，有五大洲，中国只是其中的一部分。

根深蒂固 gēnshēn-dìgù
成语。语本《老子》。用以比喻基础牢固，不易动摇或改变。

明清之际，耶稣会士传入中国的西方文化包括了欧洲的古典哲学、逻辑学、美术、音乐以及自然科学等，而后者又是最主要的部分。必须承认，在当时，这些西洋

① 《尚书》：中国最早的文献汇编，儒家重要经典之一。亦称《书》《书经》。传说由孔子编选而成，意为“上古的史书”。

② 五大洲：此处指的是亚洲、欧洲、非洲、南极洲和美洲，与现在的“五大洲”所指不同。

学术都是值得中国人认真吸纳的新鲜学问，比如：（1）欧几里得几何[①]及其演绎推论对中国思想界来说，是一种崭新的思维方式；（2）世界舆图[②]扩大了中国人的视野，使其从中获得了全新的世界概念；（3）火器的使用以及望远镜等仪器的介绍与应用，同样具有重要意义。

进入北京后，利玛窦曾向神宗皇帝献上天主像、圣母[③]像、《圣经》[④]、十字架[⑤]、《坤舆万国全图》、自鸣钟、西洋琴、望远镜等物，赢得了神宗皇帝的欢心，并允许他们[⑥]住在北京且可设堂传教，其一切生活费用均由朝廷供给。在这期间，利玛窦下大力传扬西方科学著作，因而取得了那些主张实学、反对空谈的官吏们的信赖。中国近代科学的先驱徐光启[⑦]就曾“从利玛窦学天文、历算、火器，尽其义”[⑧]。古希腊数学家欧几里得的《几何原本》前6卷[⑨]，就是他与利玛窦合作译出的。此外，利玛窦还与明末天文学家、天主教三大柱石[⑩]之一的李之藻[⑪]合作编译了系统介绍欧洲笔算的著作《同文算指》，并曾为中国官吏制造过天体仪、计时晷等物，译绘过五大洲地图，同时热心介绍西方在建筑、绘画、音乐等方面的成就。

晷 guǐ
古代观测日影以定时刻的仪器。

① 欧几里得几何：约公元前300年，古希腊数学家欧几里得（Euclid，约公元前330—前275）把前人在生产实践中长期积累的几何知识整理总结为演绎体系，写成《几何原本》。

② 世界舆图：舆图，即地图，多指疆域图。世界舆图即世界地图。其时有多个刻板本，如《山海舆地图》（1584年王泮刻板，印制于肇庆）、《坤舆万国全图》（1602年李之藻刻板，印制于北京）、《山海舆地全图》（1600年吴中明刻板，印制于南京；1604年郭子章刻板，印制于贵州）和《舆地全图》（1601年冯应京刻板，印制于北京）等。“舆”音yú。

③ 圣母：天主教徒对耶稣的母亲玛利亚的尊称。

④ 《圣经》：基督教的经典，包括《旧约全书》和《新约全书》。

⑤ 十字架：古代罗马帝国的残酷刑具。基督教相传上帝之子救世主耶稣被钉死在十字架上，故基督徒把十字架用作信仰的标记。西方文学因此常以之作为苦难的象征。

⑥ 据记载，与利玛窦同时进京的还有年轻的西班牙传教士庞迪我。

⑦ 徐光启：1562—1633，明末科学家。上海徐家汇人。万历进士，官至礼部尚书兼东阁大学士。知识渊博，于天文学、农学最有成就，是中国介绍西方近代科学知识的先驱。

⑧ 语见《明史·徐光启传》。尽其义：指把以上说的几种学问都学到了手。

⑨ 《几何原本》前6卷为平面几何部分。

⑩ “天主教三大柱石”所指，一是徐光启，一是李之藻，一是杨廷筠（1557—1627）。

⑪ 李之藻：1565—1630。明末天文学家。浙江仁和（今杭州市）人。万历进士，官至太仆寺少卿。支持历法改革，对《崇祯历书》的编定做出了贡献。与利玛窦合作编译的《同文算指》对中国算术的发展有较大影响。与徐光启成为最早研究、介绍近代西方科学技术知识的中国知识分子。

第三节 西学东渐的成果及影响

步利玛窦后尘相继来到中国的耶稣会士还有许多。17 世纪中叶，在华耶稣会士中最负盛名的是德国人汤若望[①]。汤若望 1618 年跟随法国传教士金尼阁[②]启程来华，先在广州，后到西安传教。1630 年，与汤若望一起来华的瑞士**神父**邓玉函[③]在北京逝世，崇祯皇帝[④]于是准徐光启**奏**，召汤若望进京，接替邓玉函参与修改历法。

汤若望是数学家和天文学家，他当初来华的本意是想在中国弘扬天主教，不想却因其在西学上的精深**造诣**受到了明朝崇祯帝及清朝顺治帝[⑤]、康熙帝[⑥]三位帝王的赏识和信任。他曾为崇祯皇帝监造火炮，参与《崇祯历书》[⑦]的编写工作，受命管理历局，制造天文仪器，翻译西书。1644 年，入主中原后的清朝朝廷正式发布**谕旨**，任命汤若望为钦天监[⑧]监正。

后尘 hòuchén
走路时后面扬起来的尘土，借指别人的后面。常与“步”字连用。

神父 shénfù
天主教、东正教的神职人员，职位在主教之下，通常是一个教堂的管理者，主持宗教活动。亦称“司铎”。

奏 zòu
古代臣子向君主上书或当面陈述的意见。奏事的文书叫“奏章”，写有奏章的折子叫“奏折”。

造诣 zàoyì
学问、艺术或技术所达到的水平。

谕旨 yùzhǐ
皇帝向臣子下的文书、命令。

在已编定的《崇祯历书》成果的基础上，汤若望自己出钱编辑刻印了《西洋新法历书》[⑨]100 卷，另外还撰写有《浑天仪[⑩]说》《民历补注释惑》《火攻

① 汤若望（Johann Adam Schall von Bell）：1591—1666。

② 金尼阁（Nicolas Trigault）：1577—1628。

③ 邓玉函（Jean Terrenz）：1576—1630。

④ 崇祯皇帝：明朝最后一位皇帝，名朱由检，1627—1644 年在位。

⑤ 顺治帝：清朝皇帝，名爱新觉罗・福临，1643—1661 年在位。

⑥ 康熙帝：清朝皇帝，名爱新觉罗・玄烨（yè），1661—1722 年在位。

⑦《崇祯历书》：明代为改革历法而编纂的一部丛书。因编于崇祯年间，故名。由徐光启主持的历局负责编纂，历时 5 年，于崇祯七年（1634 年）完成。全书共 46 种，137 卷，以西法为基础。主要内容包括天文学基本理论、天文表、星图、天文学中计算必备的数学知识、天文仪器知识和中西各种度量单位换算表等。编成后未正式采用。清初，耶稣会士汤若望将其删改压缩为 103 卷，更名为《西洋新法历书》刊刻成书。

⑧ 钦天监：掌管观察天文、气象，推算节气，编制历书的官署。

⑨《西洋新法历书》：以说解文字配合图表，较全面系统地介绍了欧洲古典与近代的天文学知识，包括理论、仪器、观测、计算等方面的内容。

⑩ 浑天仪：也叫“浑仪”。中国古代用来测定天体位置的一种仪器。“浑天”是中国古代的一种宇宙学说。其主张是：天地的关系好像鸟卵壳包着卵黄。天的形体浑圆如弹丸，故称“浑天”。天和天上的日月星辰每天绕南、北两极不停地旋转。

挈要》等多部科技著作，以及《主制群徵》《主教缘起》《真福训诠》等神学著作，并译有《远镜说》。此外，他还为清朝廷制造了许多天文仪器，为中国天文事业的发展做出了贡献。

除汤若望之外的另一位名气较大的传教士是南怀仁。南怀仁[①]字敦伯，又字勋卿，比利时人。1623年，南怀仁出生于比利时首都布鲁塞尔附近的彼滕。1641年，18岁的南怀仁加入耶稣会。1658年，南怀仁在葡萄牙殖民势力的支持下来到中国，先到陕西，后于1660年进京，协助汤若望修历。1669年受命任钦天监监正。南怀仁被认为是来华耶稣会士中**数一数二**的杰出人物，他**擅长**机械制造，**善**历法，懂兵器，会造炮，曾为近代西方科学知识在中国的传播做出过重要贡献；而同时，他又是一个**严于律己**的人，始终**恪守**修会职责。

同汤若望一样，南怀仁不仅是清廷官员——官至工部侍郎，正二品，还是中国皇帝的**座上客**，更是康熙皇帝的科学**启蒙**老师。他经常与康熙皇帝一起讨论几何、天文和历算等问题。供职钦天监后，他要做的第一件大事就是改造北京的观象台，重造适用于西洋新法的天文仪器。经过4年的努力，康熙十二年即1673年，他终于把自己设计并监督制造的几件大型铜铸天文仪器安装在了观象台上。这些仪器以及后来由他人制造安装的另外几件仪器，构成了一个世界上独一无二的完整且配套的天文铜仪群[②]，件件都如艺术品，至今仍在北京古观象台上向后人展示，成为中西文化交流的历史见证。

作为汤若望的学生和亲密助手，南怀仁为西学东渐做了许多有益的工作，其主要著述有《教要序论》《圣体答疑》《妄推吉凶之辨》《仪象志》《仪象图》《康熙永年

挈要　qièyào
挈：举；提。要：主要内容；主要方面；主要环节。

数一数二　shǔyī-shǔ'èr
成语。名列第一或第二。形容突出。

擅长　shàncháng
特别善于；在某方面有特长。

善　shàn
擅长；长于。

严于律己　yányúlǜjǐ
成语。严格要求自己。律：约束。

恪守　kèshǒu
严格遵守。

座上客　zuòshàngkè
指在席上的受主人尊敬的客人，泛指受邀请的客人。

启蒙　qǐméng
普及新知识、新思想，使摆脱无知和迷信。

---

① 南怀仁（Ferdinand Verbiest）：1623—1688。

② 南怀仁设计制造的大型铜铸天文仪器主要有测定天体黄道坐标的黄道经纬仪、测定天体赤道坐标的赤道经纬仪、测定天体地平坐标的地平经仪和地平纬仪（又名“象限仪”），以及演示天象的天体仪，这些仪器陈列在古观象台台顶西侧正中，被视为镇台之宝。后人设计制造的除由德国传教士纪里安负责督造的地平经纬仪外，还有制于康熙五十二至五十四年（1713—1715年）的纪限仪以及制成于乾隆十九年（1754年）的玑衡抚辰仪。

历法》[①]《坤舆全图》《坤舆图说》《赤道南北星图》《神威图说》《西方要纪》等。1688 年 1 月 28 日，南怀仁逝世并被安葬于北京。

除了利玛窦、汤若望和南怀仁，还有不少来华传教士都曾为中西文化交流做出了重要贡献。他们信仰坚定，学识渊博，不光做实事，而且还留下了许多著作和译著。其中较为著名的人物有意大利人熊三拔、艾儒略、罗明坚、龙华民、闵明我、卫匡国，法国人李明、张诚、白晋，西班牙人庞迪我，葡萄牙人徐日昇[②]，瑞士人邓玉函，等等。

准确地说，“利玛窦们”在中国所传播的已经不是当时西方最先进的科学知识，甚至已属常识或已陈旧。但是，由于文化的差异，由于中国长期与世隔绝，在当时的中国，这些知识仍是新鲜的、新奇的、先进的，是中国士大夫**闻所未闻**的。

> 闻所未闻　wénsuǒwèiwén
> 成语。听到了从来没有听到过的，表示非常稀奇。
> 圜　yuán
> 义同“圆”。此字也读“huán”音，其义为“围绕”。

从利玛窦来华，到康熙皇帝禁教、耶稣会被解散[③]的 100 多年里，传教士们在中国译著西书总共 437 种。其中，纯宗教书籍 251 种，包括《圣经》、神学、宗教仪式等诸多方面，占总数的 57%；人文科学书籍 55 种，包括地理地图、语言文字、哲学、教育等，占总数的 13%；自然科学书籍 131 种，包括数学、天文、生物、医学等，占总数的 30%。

天文学与历算学是明清之际输入中国的西学中成效最大的部分，主要译著撰著有：

（1）《**圜**容较义》，利玛窦口述，李之藻记录撰成，1614 年在北京出版。共 1 卷，述天体形状、天体运行以及地圆等说。

（2）《乾坤体义》，利玛窦编，万历年间有刻本行世。共 3 卷。上卷述天地浑仪说、地圆说、九重天说；中卷论日球大于地球、地球大于月球；下卷为容较图义，讲面积、体积的计算问题。

---

① 《康熙永年历法》：共 32 卷，实际上是一部天文表，分为 8 个部分：日、月、火星、水星、木星、金星、土星以及交食，每一部分各 4 卷。

② 这些传教士的原名分别是：熊三拔（Sabbathino de Ursis）、艾儒略（Giulio Alèni）、罗明坚（Michele Ruggieri）、龙华民（Nicolo Longobardi）、闵明我（Philippus Maria Grimaldi）、卫匡国（Martin Martini）、李明（Louis Daniel Le Comte）、张诚（Jean François Gerbillon）、白晋（Joachim Bouvet）、庞迪我（Didaco de Pantoja）、徐日昇（Thomas Pereira）。

③ 耶稣会于 1773 年被教廷解散，此时，耶稣会士的绝大部分已被赶出中国国门。

（3）《天问略》，阳玛诺撰，1615 年出版。以问答体裁，设诸天重数、七政部位、太阳节气、**昼夜永短**、交食[①]**本原**等问题，一一阐释。

（4）《西洋新法历书》，即《崇祯历书》，崇祯年间修历人员向朝廷进呈历书的汇集。参加修撰的传教士有龙华民、邓玉函、罗雅谷、汤若望等，中国知识分子有徐光启、李天经等。

昼夜永短　zhòuyè yǒng duǎn
昼：从早晨到黄昏的一段时间，白天（与“夜”相对）；永：这里的意思是“长”（与“短”相对）。指白天与黑夜的长短。

本原　běnyuán
哲学上指世界的最初根源或构成世界的最根本的实体。这里可以理解为“原因、真相”。

地理学是其时耶稣会士所传西学的另一项重要内容。有关著作和地图有：

（1）《坤舆万国全图》，利玛窦绘制。引进了西方的地圆说以及经纬度制图法，介绍了地球五带说，“五带”即热带、南北温带、南北寒带；介绍了有关五大洲的知识，“五大洲”即亚细亚、欧罗巴、利未亚[②]、南北亚墨利加[③]和墨瓦蜡尼加[④]。图中译名如亚洲、欧洲、大西洋、地中海、罗马、加拿大、南北极、南北极圈、赤道等，被沿用至今。

（2）《万国图记》，利玛窦编，1600 年进呈万历皇帝，被搁置宫中，已佚。据记载，这是一本世界地图册。

（3）《职方外纪》[⑤]，意大利传教士艾儒略译，杨廷筠记，1623 年出版，共 5 卷，是中国最早的一部中文版世界地理专著。介绍五大洲各国的风土人情、民俗、气候、名胜，其中对欧洲的介绍尤为详细。附有万国全图、南北半球图、各国分图。

（4）《坤舆全图》与《坤舆图说》，比利时传教士南怀仁编撰，1674 年出版。前者为东西两半球世界地图，后者系对前者的解说。

（5）《西方问答》，艾儒略撰，阳玛诺、伏加望、罗雅谷校订，1637 年出版。该书共 2 卷，概述西方风土人情。

明末清初，中国学术界出现了一股以讲求实行、实证、实用、实效为主要特征的**实学**思潮，

实学　shíxué
踏实而有根底的学问。

---

① 交食：食，指日月亏缺或完全不见的现象，如日食、月食、全食、偏食，“交食”可理解为“食”的发生。

② 利未亚：即非洲。

③ 南北亚墨利加：即南北美洲。

④ 墨瓦蜡尼加：即南极地区。

⑤《职方外纪》：职方，义同“版图”，泛指国家疆土。该书所记“皆绝域风土，为自古舆图所不载，故曰《职方外纪》”（艾儒略语）。

并产生了一些可贵的成果。这些成果的产生，虽不能简单地说成是“因为受了西学的影响”，但说西学东渐对此起了某种“引领”和“催化”作用，却是可以肯定的。

被视为中国 16 世纪自然科学杰出代表的科学家徐光启，除了与利玛窦合作翻译了《几何原本》《测量法义》《泰西水法》等书籍外，还撰有《农政全书》[①]，该书**集**中国古代农业科学成就之**大成**，全面总结了历代农业知识经验和理论，并配有大量插图，是一部既有理论性又有实用价值的农业史专著。

科学家宋应星[②]著有《天工开物》[③]一书，共 3 卷 18 篇，系统而具体地总结了明代以前各种农业和手工业的生产技术和过程，并记述了人民群众日常必需的生活资料和生产工具的制作情况，且配有插图 123 幅，被公认为世界上第一部有关农业和手工业生产的百科全书。

> 集……大成 jí…dàchéng
> 集中某类事物的各个方面或前人的成就而达到完备的程度。
> 旸 yáng
> 日出、晴天。
> 典雅 diǎnyǎ
> 优美、高雅；不粗俗。

科学家、哲学家方以智[④]较早地接受了西方近代科学，对中、西学均取批判继承的态度。著有《物理小识》，对天、地、历、风雷、雨**旸**、人身、医药、饮食、金石、器用、草木、鸟兽、鬼神、方术等进行了广泛研究，并提出了自己的一些理论。

地理学家、旅行家徐霞客[⑤]以日记和散文体裁写成巨著《徐霞客游记》，是其 30 余年游历各地考察的实录，涉及北至河北、山西，南至云贵、两广等 16 个省的地质、地貌、水文、气候、动植物以及一些少数民族的经济状况、习俗等内容。文字清新，文辞**典雅**，不光可以开阔人们的视野，还可以作为优秀的文学作品阅读欣赏。

天文学家王锡阐[⑥]，字寅旭，号晓庵，江苏吴江人。学术上主张“去中西之观”，

---

① 《农政全书》：计 60 卷，50 多万字，系徐光启研究中国历代农业文献所做的读书笔记，由陈子龙等人于 1635 年整理编次成书。

② 宋应星：1587—约 1666。江西奉新人。明末清初科学家。万历举人，官至安徽亳州知州。明亡后，弃官居乡。于生产技术、天文、音律、哲学等均有研究。

③ 《天工开物》：书名取自《尚书》“天工人其代之”及《易·系辞》“开物成务”。是一部关于农业和手工业生产的综合性著作，注重实际，重视实践，图文并茂。

④ 方以智：1611—1671。明末清初科学家、哲学家。桐城（今属安徽）人。崇祯进士，曾任翰林院检讨。清兵下广东时，出家为僧，改名“大智”。

⑤ 徐霞客：1587—1641。明地理学家、散文家。江阴（今属江苏）人。因见明末政治黑暗，不入仕途，专意旅行。《徐霞客游记》抒情浓烈，文辞典雅，富有地理学价值和文学价值。

⑥ 王锡阐：1628—1682。清天文学家。江苏吴江人。

各取所长，融会贯通。著有《晓庵新法》6卷，发明了计算金星和水星凌日的办法，并提出了精确计算日月食的依据，为中国天文学的发展做出了贡献。

> 凌　líng
> 逼近。

天文学家、数学家梅文鼎[①]，安徽宣城人。学术上赞成王锡阐的主张。其天文学著作达40余种，综合中西历法之得失，介绍了《崇祯历书》的部分内容，并解释了《大统历》[②]。其数学著述13种40卷，内容涉及数学的各个分支，对西方数学知识的介绍多有创见，在发掘中国古代数学方面亦多有心得。

思考题：

1. 明末清初，天主教耶稣会士是在怎样的历史背景下来华的？请简要加以叙说。

2. 利玛窦是来华传教的耶稣会士的杰出代表。请简要叙述他的事迹以及他的努力所换来的积极成果。

3. 除了利玛窦，还有两位传教士——汤若望和南怀仁在中国社会的影响也很大，请对他俩的事迹和贡献加以评说。

4. 西学东渐带给了中国社会哪些重要成果？你对此如何评价？

5. 作为西学东渐的代表性人物，时至今日，利玛窦仍在中国有较大的影响。这其中的原因究竟是什么？请说说你的看法。

填空练习：

1. 1271年，意大利旅行家＿＿（1）＿＿从欧洲来到东方，在中国游历了＿＿（2）＿＿之久，足迹遍及中国的＿＿（3）＿＿。回国后，在热那亚狱中，在狱友的帮助下，他写成了《＿＿（4）＿＿》一书，第一次向欧洲人揭示了奇异的东方世界之谜，把一个地大物博、多姿多彩的中国形象展现在欧洲人面前，因此被人们视为推动东西文化交流的＿＿（5）＿＿。

2. 明末清初，意大利人＿＿（1）＿＿、德国人＿＿（2）＿＿、比利时人

① 梅文鼎：1633—1721。清天文学家、数学家。安徽宣城人。有《梅氏丛书辑要》传世。

② 《大统历》：明朝初年修订的历法，以“大统”为名，一直沿用至明朝灭亡。

____（3）____等耶稣会士相继来华，在传教的同时，也把西方的天文、历算、数学、地理、机械等较为先进的科学技术知识带到了中国，客观上促进了____（4）____。历史上将此称为“____（5）____”。

3. 1582年利玛窦来华，标志着____（1）____的开始。利玛窦开始时在广东肇庆传教，为完成罗马教廷向东方实行宗教殖民的使命，为叩开封闭的“远东的伟大帝国”的大门，他确立了“____（2）____”的方针。直到1601年，他才得以进入____（3）____，并在中国皇帝的支持下创立了____（4）____。

4. 汤若望是传教士，同时也是数学家和天文学家。到中国后，因其在西学上的精深造诣受到中国明清两代几位帝王的____（1）____。他曾被任命为____（2）____。另外，他还参与了《崇祯历书》的编写工作，并在此基础上自己出钱编辑刻印了《____（3）____》100卷。

第四章　中外文化的第三次大交汇：晚清的新一轮西学东渐

内容导读：

因为发生了“礼仪之争”，17 世纪上半叶，中国皇帝下令将耶稣会传教士赶出中国国门，西学东渐的过程便中止了。一百多年后的晚清时期，随着西方列强的入侵，以基督教新教传教士为主体的传教士们重新进入中国，并由此形成了新一轮的西学东渐。这一次基本上是西方文化向中国的强行输入，西学的影响自然要比之前广泛得多，也深刻得多。中国社会的性质发生了巨大变化，中国人也不得不开始正视世界，甚至主动向西方学习，并因此使国家走上了近代化道路。

教学建议：

相对于前一章，这一章的内容更丰富。因为距离现当代更近，许多内容讲起来更容易为学习者所领会、所接受。因此一定要把社会背景交代清楚，把这一段历史中的重大事件讲清楚，同时也应着重从文化交流的角度讲明西方文化带给中国文化的影响。

授课时长： 8 ～ 10 学时。

中外文化在历史上的第三次大交汇发生于近代[①]。与第二次文化大交汇相同，对于中国来说，这一次的文化交汇似乎也不是自愿的，而是西方文化在一种极其特殊的背

① 一般认为，1840 年鸦片战争的爆发标志着中国迈入了近代社会，从那时起至辛亥革命，正是中国的晚清时期。

景下向中国的**强行**输入。

强行 qiángxíng
施加压力强迫或强制进行。

有学者将晚清的西学东渐与明末清初的那一次划归一处，笼统地称之为“中外文化的第二次大交汇”；也有学者将二者划分开来，给人的感觉似乎更清晰些。本书从后者，将从近代开始的西学东渐作为“中外文化的第三次大交汇”单独加以介绍和评说，其主要的依据是：（1）二者所处的时代不同，至后者发生时，中国社会的情势已经发生了巨大变化；（2）传播西学的主体不同，担当晚清新一轮西学东渐先锋角色的虽然仍是传教士，但已不属于天主教耶稣会[①]，而是基督教新教；（3）传播的手段不同，后者要比前者丰富得多；（4）对中国社会的影响不同，加上中国传统文化中的某些固有因素被激活，后者因此要比前者广泛得多，深刻得多，久远得多。

明末清初开始的西学东渐的中断，主要是缘于“礼仪之争”。

《辞海》给“礼仪之争”下的定义是：“17—18 世纪西方天主教会及其传教士就中国教徒奉行祀孔祭祖传统礼仪一事进行的争论。”

异端 yìduān
不合乎正统思想的学说或教义。

事 shì
侍奉，服侍。

君亲 jūn-qīn
君主和父母。

师长 shīzhǎng
对教师的尊称。

违逆 wéinì
违反、抵触。

1645 年，罗马教皇英诺森十世[②]据多明我会[③]教士黎玉范的指控，判定自利玛窦以来尊重的中国“祀孔祭祖”之民俗为“**异端**”，因而禁止中国教徒奉行。清朝康熙皇帝因此多次派使节向教廷表明，“祀孔祭祖”乃中国“**事君亲**，敬**师长**”之民俗，不可**违逆**，并要求教皇撤销禁令，但没有成效。1715 年，教皇重申禁令，消息传到北京，引起康熙皇帝不满，于是御批禁止耶稣会在中国传教。

清雍正元年即 1723 年，雍正皇帝[④]下令正式禁教，要求各省的耶稣会士于半年之内离开中国国境。

---

① 因宗教内部纷争，1773 年耶稣会被罗马教廷解散。

② 英诺森十世（Innocentius X）：1644—1655 年在位。

③ 多明我会（Ordo Dominicanorum）：一译“多米尼克派”，天主教托钵修会主要派别之一。因注重传道活动，故又称“传道兄弟会”。1215 年由西班牙人多明我所创，其活动着重劝化异教徒。1631 年传入中国。

④ 雍正皇帝：清朝皇帝。名爱新觉罗・胤禛，1723—1735 年在位。

由于封建政治经济制度的影响，明末清初的西学东渐过程实际上是相当缓慢的。至清朝雍正年间，随着禁教令的发布和耶稣会士被逐出中国国门，这个过程便几乎完全中止了。直到一百多年后，鸦片战争[①]的大炮“轰”开了中国紧闭的大门，才出现了新一轮的西学东渐。

第一节　马礼逊引领下的传教事业和西学传播

晚清新一轮西学东渐的引领者当是英国伦敦会[②]传教士马礼逊[③]。1807年，刚刚成为牧师的马礼逊受伦敦会派遣东来，先抵澳门，然后进入广州，成为第一个来华传教的基督教新教传教士。有研究者称：对于马礼逊来说，正是幼时成长地浓郁的宗教气氛，引导他日后走上了为宗教献身的道路；早年生活的艰辛，锻炼了他能够吃苦耐劳的品格；神学、医学、天文学等多方面知识的积累，增强了他进行传教活动的能力；汉语和汉学的学习，又为他日后在中国及南洋[④]各地的活动打下了基础。

从1811年起，马礼逊先后出版了《中文语法》《华英字典》《中文会话与断句》《广东省土话字汇》等著作，翻译出版了中文版《圣经》全译本[⑤]，还编写了一批宣传基督教教义的中文通俗读物。1834年，马礼逊病逝于广州，被安葬在澳门。

1811年至1840年被认为是晚清西学东渐的起步阶段。这一时期，马礼逊等传教士主要在马六甲、新加坡、巴达维亚[⑥]以及中国澳门、广州等地活动，成立传道站，聚集了来自欧洲和美国的一批传教士。除马礼逊及其助手米怜外，较为著名的人物还有英国人杨威廉、麦都思、马儒翰，美国人裨为仁、雅裨理、裨治文，德国人郭实腊等。他们开办学校，创办印刷所，出版中文书报，在当地华侨中传播西学。其间所出版的一百余种中文书籍和报刊，为林则徐[⑦]等中国开明知识分子了解世界提供了重要资料。

① 鸦片战争：1840—1842年英国对中国发动的侵略战争。清政府在英军的武力威迫下向侵略者屈服投降，与英国签订了中国近代史上第一个丧权辱国的《南京条约》。从此，中国逐渐沦为半殖民地半封建的国家。

② 伦敦会：“伦敦传教会”的简称，是基督教新教的一个组织。在策划向中国传播基督教方面，该会充当了先锋角色。

③ 马礼逊（Robert Morrison）：1782—1834。出生于英格兰，父亲是虔诚的基督信徒。

④ 南洋：这里指东南亚，包括中南半岛和散布在太平洋与印度洋之间的群岛。

⑤《圣经》全译本：马礼逊东来之前，《圣经》并没有完整的中文译本。马礼逊用了5年时间译完《新约全书》，而后又与米怜合作翻译了《旧约全书》，并于1823年出版。初取书名《神天圣书》。《圣经》全译本的出版，在中西文化交流史上有着重要而特殊的意义。

⑥ 巴达维亚：即今印尼首都雅加达。

⑦ 林则徐：1785—1850。福建侯官（今福建福州）人。清朝大臣。清朝后期政治家、思想家和诗人，是中华民族抵御外侮过程中伟大的民族英雄。

英华书院[①]、马礼逊学堂[②]等学校的创办，开启了传教士在华人中进行教育活动的历史，也培养了像袁德辉、严复、马君武等真正通晓西文的、近代中国最早的翻译人才。

在南洋及中国广州、澳门等地，马礼逊等自然也没有放弃发展教徒的努力。蔡高是马礼逊发展的第一个中国基督徒，他是澳门东印度公司印刷厂的**雕版**工人，1814 年**受洗**入教。后来，他的兄弟蔡兴、蔡三叶亦相随入教。另一个较有名气的中国教徒名梁发，广东高明人，15 岁到广州学习雕版术，曾为马礼逊所译《圣经》雕版，颇受内中说教影响，1816 年在马六甲由米怜施洗入教。梁发因长时间在马礼逊手下工作，1823 年由马礼逊**封授**圣职，成为第一个中国籍新教传教士。梁发撰写并秘密散发了多种布道小册子，其中一本名为《劝世良言》。1836 年，洪秀全[③]到广州参加科考，就得到了一册《劝世良言》，这本书对他的思想产生了重要影响。

> 雕版　diāobǎn
> 在木板或金属板上雕刻文字或图画，使成为印刷用的底版。
>
> 受洗　shòuxǐ
> 基督教徒入教时接受洗礼。洗礼：基督教入教仪式。
>
> 封授　fēng shòu
> 赐封，授予。

在马礼逊的带动下，传教士们还编写了一些语言文字方面的工具书，有的还涉及方言，其中，尤以马礼逊所编《华英字典》最为重要。这部字典共分三个部分，相继于 1815 年、1819 年、1823 年问世。这是中国境内最早使用西方金属活字印刷术排印的中文书籍，也是世界上第一部以汉英—英汉对照形式出现的字典，对后世相类字典、词典的**编纂**影响巨大。

其他相关著作还有英国传教士马歇曼的《中国言法》、麦都思的《福建土话字典》《中、朝、日语对照》《中英词典》、戴尔的《福建土话字汇》《中文最常用三千字》、郭实腊的《厦门话标志》《中文语法指南》及美国传教士裨治文的《广州土话注音》等[④]。

> 编纂　biānzuǎn
> 根据大量资料整理编写。

---

① 英华书院：1818 年由马礼逊创办于澳门，是近代由传教士开办的第一所中文学校。其后于 1834 年迁往香港。

② 马礼逊学堂：近代中国第一所西式学堂，又名马礼逊纪念学校。1839 年由英国人温施娣和美国传教士布朗开办于澳门，并于同年 11 月 4 日正式开学。1842 年迁往香港。1850 年因布朗返国后经费紧张而停办。

③ 洪秀全：1814—1864。广东花县（今花都区）人。1851 年初在广西桂平金田村领导武装起义，建号“太平天国”。1853 年定都南京。起义历经 14 年失败。

④ 这些著作出版的时间分别是：《中国言法》（1814 年），《福建土话字典》（1832 年），《中、朝、日语对照》（1835 年），《中英词典》（1842 年），《福建土话字汇》（1838 年），《中文最常用三千字》（1834 年），《厦门话标志》（1833 年），《中文语法指南》（1842 年），《广州土话注音》（1841 年）。

“马礼逊们”的艰辛努力，在晚清的西学东渐中起的是引领和铺垫作用。鸦片战争之前，传教士们在南洋及中国广州、澳门一带所传播的西学，从总体上看还比较零散，内容也不十分丰富，但其意义却不可低估。近代西学东渐史上的许多“第一”都是在这一时期产生的，如第一份中文期刊、第一家中文印刷所、第一所华人学校、第一本**石印**中文书籍等等。有些机构、人物、书刊与鸦片战争以后的有着首尾相连、前创后续的关系。

第二节　面对伴鸦片战争而至的西方文化的强行输入

17世纪中叶，英国完成了资产阶级革命①。18世纪60年代，工业革命②又从英国兴起。特别是18世纪80年代**蒸汽机**的发明和使用，更使英国工业得到了进一步发展。因此，有学者称：蒸汽机的发明，使欧洲人获得了一盏“阿拉丁神灯”③。从19世纪30年代起，英国开始大规模修筑铁路，巨型轮船也开始航行于大海。资本主义经济的迅猛发展提高了商品向国外输出的要求，也刺激了资本家开辟新的海外市场的强烈欲望。在这样的大背景下，**幅员**辽阔、人口众多的中国自然成为殖民者东向扩张的重要目标。

石印　shíyìn
石版印刷。先把原稿用脂肪性油墨写在纸上，然后轧印在石板上进行印刷。石版印刷制版容易，但印刷速度较慢。

蒸汽机　zhēngqìjī
利用水蒸气产生动力的发动机，由供应水蒸气的装置、气缸和传动机构组成。多用作机车的发动机。

幅员　fúyuán
领土面积。幅：宽度；员：周围。

倾销　qīngxiāo
在市场上用低于平均市场价格的价格，大量抛售商品。

不义之财　bùyìzhīcái
成语。不应该得到的或以不正当的手段获得的钱财。

英国商人早就在向中国偷偷地输入鸦片。这时，为了占领中国市场，赚取高额利润，他们不顾中国官方的禁令，开始向中国**倾销**鸦片。荷兰、美国、西班牙等殖民主义者也不甘落后，竞相将鸦片源源不断地运进中国，大发**不义之财**。鸦片的大量输入不仅残害了中国人的身心，加重了中国人的经济负担，而且造成了中国白银大量外流，使清政府陷入严重的

① 资产阶级革命：资产阶级领导的民主革命，是资产阶级为资本主义发展扫除障碍、推翻封建制度、建立资产阶级专政的革命。16世纪下半叶的尼德兰革命是历史上第一次成功的资产阶级革命。1640—1648年英国资产阶级革命的胜利开辟了资产阶级世界革命的时代。1789年法国资产阶级革命则更为彻底和深刻。

② 工业革命：即产业革命，也就是资本主义的工业化。18世纪60年代初首先从英国开始，到19世纪中叶，法、德、美等国也相继完成。产业革命的结果是资本主义制度的确立，工业资产阶级和工业无产阶级的出现，以及资本主义基本矛盾的深化。

③ 阿拉丁神灯：阿拉丁是阿拉伯古代民间故事集《一千零一夜》中的主人公之一。阿拉丁因为得到了一盏神灯而有了巨大财富，还娶了美丽的公主为妻，过上了幸福的生活。

财政**危机**。

目睹鸦片造成的恶果，林则徐**痛心疾首**，他几次上书道光皇帝[①]，**力陈**鸦片危害。道光皇帝终于感到了鸦片的威胁，1838 年底，他任命林则徐为**钦差大臣**到广州**查禁**鸦片。在两广总督邓廷桢的协助下，1839 年 6 月 3 日至 25 日，在短短 20 多天内，林则徐在广州虎门海滩当众销毁收缴上来的鸦片 2 万多箱计 230 余万斤，向世人宣示了中国人**抵制**鸦片和反抗侵略的决心。

虎门销烟，立即在伦敦引起**轩然大波**。在一片战争的**喧嚣**声中，英国议会通过了对华战争议案。1839 年 10 月，英国**内阁**借口“保护通商”，正式对华宣战。第二年 5 月，40 多艘舰船载着 4000 余名士兵陆续抵达澳门附近海面，鸦片战争爆发。6 月，英军北上攻占定海作为军事据点。8 月，英国舰队开到天津大沽口外。

危机　wēijī
困难、危险的关头。

痛心疾首　tòngxīn-jíshǒu
成语。心伤而头痛。形容痛恨到了极点。

力陈　lì chén
尽力陈述、说明。

钦差大臣　qīnchāi dàchén
旧时指由皇帝派遣并代表皇帝处理重大事情的官员。

查禁　chájìn
检查并禁止。

抵制　dǐzhì
抗拒阻止，使外力不能侵入或发生作用。

轩然大波　xuānrán-dàbō
成语。意思是高高涌起的巨大波浪。比喻极大的反应、纠纷或风潮。

喧嚣　xuānxiāo
声音大而杂乱。

内阁　nèigé
某些国家中的最高行政机关，由内阁总理（或首相）和若干阁员（部长、总长、大臣或相）组成。

虎门销烟浮雕

① 道光皇帝：清朝皇帝，名爱新觉罗·旻（Mín）宁，1820—1850 年在位。

慑于英国的**坚船利炮**，清政府慌忙派主和派代表人物琦善为钦差大臣与英军谈判，并将林则徐革职。1842 年 6 月，英军在攻克浙江吴淞炮台，并乘势占领宝山和上海进而攻陷镇江之后，直逼南京。8 月，在侵略者的炮口下，腐败的清政府与之签订了**丧权辱国**的《南京条约》。除赔款 2100 万银圆及**割让**香港岛给英国外，条约还规定开放上海、福州、厦门、宁波、广州为对外通商**口岸**，允许英商寄居贸易，并允许英国派驻领事等官员。《南京条约》严重侵害了中国的主权，由此，中国开始逐步沦为半殖民地半封建社会。有研究者称："从某种意义上说，鸦片战争的实质，是西方工业文明对于东方固守'天不变，道亦不变'[①]道统[②]的一次剧烈冲撞，是新兴工业革命对传统农耕社会的一次**野蛮征服**。"这样的认识**发人深省**。

慑于　shèyú
对于某种情况感到害怕。

坚船利炮　jiānchuán-lìpào
坚固的舰船和威力强大的火炮。

丧权辱国　sàngquán-rǔguó
成语。丧失主权，使国家蒙受耻辱。

割让　gēràng
因战败或受侵略，被迫把一部分领土让给外国。

口岸　kǒu'àn
供人员、货物和交通工具出入国境的港口、机场、车站、通道等。

野蛮　yěmán
粗暴蛮横。也指蒙昧的、没有进入文明状态的。

征服　zhēngfú
用武力使对方屈服。

发人深省　fārénshēnxǐng
成语。启发人深思醒悟。

《南京条约》之后，清政府又被迫与英、美、法等国签订了不平等的《虎门条约》[③]《望厦条约》[④]和《黄埔条约》[⑤]，允许外国人在通商口岸租地造屋、永久居住，创办学堂，开设医院，传播宗教。于是，基督教新教传教士的活动基地便从南洋迁到了中国东南沿海，晚清的西学东渐也便由此正式开启。1843 年至 1860 年间，外国人在香港、广州、福州、厦门、宁波、上海等 6 个城市共出版西学书籍 400 余种，除宗教宣传品外，还有多种关于天文、地理、数学、医学、历史、经济等方面的书籍。

---

① 天不变，道亦不变：天，即宇宙、大自然；道，即道理、规律。中国古代唯心主义思想家认为，天是永恒不变的，因而按天意建立的封建社会之道，也是永恒不变的。

② 道统：儒家学术思想传承的系统。宋明理学家自认为继承了周公、孔子的这个系统，并称这个系统为"道统"。

③《虎门条约》：《南京条约》的附件，签订于 1843 年。

④《望厦条约》：即《中美五口贸易章程》，签订于 1844 年。

⑤《黄埔条约》：即《中法五口贸易章程》，签订于 1844 年。

东西方的距离在缩短，联系在加强，中国似乎再也无法**一厢情愿**地与外界隔绝、自我封闭了。新的形势、新的环境、新的学问促使并吸引着中国知识分子去了解，去研究。于是，社会上兴起了两种思潮：一是以济世为目的，以国际知识、世界历史和地理为主要研究对象的**经世**思潮；一是以求真为目的，以自然科学为主要研究对象的科学思潮。这两种思潮的代表人物主要有林则徐、魏源、徐继畬、冯桂芬、李善兰等。

一厢情愿 yīxiāng-qíngyuàn
成语。指处理双方有关问题时，只有单方面愿意。也泛指办事从主观愿望出发，不考虑客观条件是否许可或对方是否愿意。

经世 jīngshì
治世。治：治理；管理。世：世间；人世；社会。

闭关锁国 bìguān-suǒguó
成语。意即关闭关口，封锁国境，不与外国通商往来。

因噎废食 yīnyē-fèishí
成语。因为吃饭噎住过，索性连饭也不吃了。比喻因为怕出问题，索性不干。

林则徐是清末政治家，在受命为钦差大臣前往广东查禁鸦片期间，他同西方发生了直接的接触。作为一名清醒的知识分子，林则徐认识到，**闭关锁国**是“**因噎废食**”，不可能“固疆强国”。因此，他曾派人去澳门了解西方国家动态，购买西方书籍和报刊，同时组织人力进行翻译，编译出的书籍主要有《华事夷言》《各国律例》[①]《四洲志》[②]等，从中获得了不少有关西方国家政治、军事、经济、史地等诸方面的情况和知识。此外，林则徐还十分注意缩短中英之间武器方面的差距，主张“师敌长技以制敌”[③]。因为他的**远见卓识**，后人称他为“近代中国睁眼看世界的第一人”。

《四洲志》是近代中国人翻译的第一部世界地理著作，介绍了五大洲 30 多个国家的地理、历史和政治状况。其中许多译名为后来的学术界所沿用；也有许多译名，在我们今天看来，十分**古怪**费解。比如其中涉及美国政治制度的一段文字，由于中美制度相差很大，许多名词无法意译而只能音译，如西业、里勃里先特底

远见卓识 yuǎnjiàn-zhuóshí
成语。远大、卓越的见识。

古怪 gǔguài
与一般情况不同，稀奇少有的；奇怪；使人诧异的。

① 《各国律例》：瑞士人滑达尔著。

② 《四洲志》：原书名为《世界地理大全》，英国人慕瑞著。

③ “师敌长技以制敌”：这个说法通常表述为“师夷之长技以制夷”，由魏源首倡。意思是通过学习西方先进的技术来抑制西方。师：学习；效法。长技：擅长的技艺；长处、优势所在。制：遏制；抵制。

甫、衮额里士衙门、依力多、勃列西领[①]等。这些译名如不加注，今人恐怕无法读懂。由此可以想见，当年林则徐阅读此书，需要付出多少艰辛。

魏源[②]是清末思想家、史学家和文学家，他曾将林则徐主持编译的西方史地资料集《四洲志》和历代史志等增补为《海国图志》，系统介绍东西方国家的历史、地理与社会制度等知识。《海国图志》1842年刻本50卷，1847年增刻至60卷，至1852年又扩充为100卷，多达80万字。同林则徐一样，魏源明确提出了“师夷之长技以制夷”的口号，主张学习西方选兵、练兵和养兵经验，改造军队以强国御敌。《海国图志》试图“唤醒沉睡的国人，睁开眼睛去瞭望世界”。遗憾的是，当时中国人并没有认识到中国在鸦片战争中的失败具有必然性，更不知道此次东来的西洋文明与中国传统文明的本质区别，因此，魏源的主张并没有引发强热烈反响。但《海国图志》及其另一本著作《圣武记》却受到日本人的推崇，且对日本的明治维新[③]产生了积极影响。

徐继畬[④]为晚清名臣，是中国近代开眼看世界的先驱者之一，其最主要的著述《瀛寰志略》[⑤]是一部世界史地专著，内容涉及各洲疆域、种族、人口、历史沿革、物产、风习、宗教以及列国比较等，被学者誉为“中国近代化的启蒙宣言书”，亦被视为近代中国人了解世界的“标准本”。因在书中介绍甚至“推崇”西方尤其是美国的立国历史和政治制度，徐继畬遭到多方谴责最后被罢官。慨叹其命运遭际，美国《纽约时报》曾称他为“东方伽利略[⑥]”。冯桂芬[⑦]是清朝官员，著有《校邠庐抗议》[⑧]一书，提出“采西学、制洋器、筹国用、改科举”，这种主张对洋务派和近代资本主义改良思想均有较大影响。李善兰[⑨]是清末数学家，1868年任北京同文馆[⑩]总教习。曾提议

① 当时只能音译的某些名词的汉英对照形式及今译分别是：西业（senate，参议院）、里勃里先特底甫（representative，众议院）、衮额里士衙门（congress，国会）、依力多（elect，选举）、勃列西领（president，总统）。

② 魏源：1794—1857。湖南邵阳人。道光进士。官至高邮知州。今辑有《魏源全集》。

③ 明治维新：1868年，即位不久的明治天皇颁布诏书，实行一系列改革。通过维新，日本摆脱了殖民地化的危机，建立了近代的民族国家，走上了资本主义道路。

④ 徐继畬：1795—1873。近代思想家，山西五台人。“畬”音yú，亦音shē。

⑤ 《瀛寰志略》：初刻于19世纪40年代，1866年重新刊行。

⑥ 伽利略（Galileo Galilei）：1564—1642。意大利天文学家、物理学家、数学家。在力学、天文学、实验科学和哲学方面均有重大贡献，被誉为“科学革命的先驱”。

⑦ 冯桂芬：1809—1874。晚清思想家、散文家。吴县（今江苏苏州）人。

⑧ 《校邠庐抗议》：“校邠庐”（Jiàobīnlú）是冯桂芬的书斋名；“抗议”，此处指发表高见。

⑨ 李善兰：1811—1882。清末数学家。浙江海宁人。

⑩ 同文馆：1862年为培养翻译人员在北京成立的清末最早的“洋务学堂”。

并与英人合译《几何原本》后 9 卷，另译有《代数学》13 卷、《曲线说》 3 卷、《谈天》① 18 卷以及《植物学》等书。

1856 年至 1860 年，英、法在美、俄等国支持下，发动了侵略中国的第二次鸦片战争。清政府再次遭到惨败，被迫与其签订了《天津条约》② 和《北京条约》③，增开了天津、烟台、台南、汕头、南京、九江、汉口等 11 个通商口岸。条约规定：外国人可以在所有开放的通商口岸居住，赁房，买屋，租地修建礼拜堂、医院、坟墓等；外国人有传教自由；外国人可以到中国内地游历、经商；开放长江。《北京条约》的签订，成为晚清西学东渐史上的一个重要转折点。1860 年至 1900 年间，西方列强在政治侵略和经济掠夺的同时，也加紧了对中国的文化渗透。慈禧太后 ④ 掌权后，中国对外对内政策有了重大调整。总理各国事务衙门 ⑤ 的设立，京师同文馆的开办，以学习西方坚船利炮、**声光化电**为重要内容的洋务运动的开展，都对西学在中国的传播产生了重要影响。

> 声光化电　shēng-guāng-huà-diàn
> 指化学以及物理学中的声学、光学、电学等，即理化知识。借指近代传入中国的西方科学技术。

第三节　洋务运动与中西文化交流

一、洋务运动始末

洋务运动旧称“同光新政”或“自强新政”。19 世纪 60 年代至 90 年代，凡洋务派官僚所进行的与资本帝国主义有密切联系的军事、政治、经济、文教以及外交等方面的活动，都在洋务运动之列。其中，又以标榜“自强”的“练兵制器”活动和标榜“求富”的经济活动为中心内容。清咸丰 ⑥ 十年底即 1861 年初，清政府正式设置总理

---

① 《谈天》：一本正确介绍波兰天文学家哥白尼（Nicolaus Copernicus，1473—1543）学说的著作。哥白尼是“日心说”的创立者。

② 《天津条约》：包括《中俄天津条约》《中美天津条约》《中英天津条约》《中法天津条约》，签订于 1858 年。

③ 《北京条约》：包括《中英北京条约》《中法北京条约》《中俄北京条约》，签订于 1860 年。

④ 慈禧太后：1835—1908。叶赫那拉氏。同治皇帝生母，咸丰皇帝时为懿贵妃。1861 年咸丰病死，她垂帘听政，掌权达 47 年之久。

⑤ 总理各国事务衙门：简称“总理衙门”“总署”“译署”，1860 年《北京条约》订立后，清政府为处理洋务及外交事务而特设的中央机构。1901 年改组为外务部。

⑥ 咸丰：清文宗年号。咸丰皇帝 1850—1861 年在位。

各国事务衙门，作为总管洋务的中央机构，任命奕䜣[①]、桂良和文祥三人为总理衙门大臣，并随之设置南洋[②]、北洋[③]通商大臣。同治[④]元年即1862年，在北京开设同文馆，作为总理衙门的附属机构；接着，又在上海设立广方言馆，在广州设立性质相同的同文馆。与此同时，洋务派开始从国外购买枪炮，并在天津、上海、广州、福州、武昌等地聘用外国军官，训练洋枪队；另外，还在各地创办军事工业，以制造枪炮和舰船。太平天国[⑤]运动失败后，洋务军事工业继续扩大。

为适应洋务事业的需要，1872年，清政府派遣第一批留学生赴美留学。1875年，清政府筹办海军。1876年起，福州船政学堂又派遣学生分赴英、法等国学习海军。19世纪70年代至80年代，洋务派还以官督商办或官商合办的形式兴办了一批民用的工矿业和运输业，比如上海的轮船招商局和机器织布局、河北的开平煤矿、台湾的基隆煤矿、兰州的织呢局等。这些都是中国较大的资本主义近代工业。

1885年，清政府设立海军衙门，实际大权掌握在洋务运动领导者之一的李鸿章[⑥]手中。李鸿章扩大北洋舰队，使其成为当时中国规模最大的一支海军。19世纪80至90年代，又出现了以张之洞[⑦]为代表的洋务派势力：1889年，张之洞由两广总督调任湖广总督，并在湖北建立了枪炮厂、炼铁厂和织布局等新式企业。

洋务运动的指导思想是“中学为体，西学为用”，简称“中体西用”，即以维护封建统治秩序的**纲常伦理**为根本，在此基础上，再采用西方近代科学技术以及其他一些“富强之术”。也就是说，维护中国封建统治秩序是前提，是根本，为达到这一目的，又必须引进西方近代科技文化和生产

纲常　gāngcháng
三纲五常，中国封建社会所提倡的道德标准。三纲：君为臣纲、父为子纲、夫为妻纲；五常：仁、义、礼、智、信。
伦理　lúnlǐ
人际关系中所应遵循的道德准则。

① 奕䜣：1833—1898。全名爱新觉罗·奕䜣，咸丰帝异母弟。晚清政治家、洋务运动主要领导者之一，曾任军机大臣。受封恭亲王。“䜣”音xīn。

② 南洋：清末指江苏、浙江、福建、广东等南方沿海地区。

③ 北洋：清末指奉天（辽宁）、直隶（河北）、山东沿海地区。

④ 同治：清穆宗年号。同治皇帝1861—1875年在位。

⑤ 太平天国：农民起义领袖洪秀全、杨秀清等建立的政权。1851年1月，洪秀全等在广西桂平金田村发动起义，1853年3月定都天京即今江苏南京，1864年在清政府和外国侵略者的联合镇压下，起义失败。

⑥ 李鸿章：1823—1901。晚清重臣，政治家、外交家，淮军、北洋水师的创建者和统帅，洋务运动领袖。对其历史功过，后世评价不一。

⑦ 张之洞：1837—1909。洋务派主要代表人物，主张“中学为体，西学为用”。与曾国藩、李鸿章、左宗棠并称“晚清中兴四大名臣”。于中国近代教育事业的发展颇有贡献。

手段。由于倡导和主持洋务运动的封建官僚不能克服自身的缺陷和局限，又由于内外反动势力的压迫和制约，洋务运动在持续了 35 年之后，特别是在中日甲午战争[①]中方遭遇惨败之后难以为继，并最终宣告破产。

显然，作为中国近代史进程中的重要一环，洋务运动是近代中国向西方学习的必经阶段，客观上起到了促进中国社会近代化的作用。无论是在经济方面还是在文化方面，它都给中国社会留下了一些可贵成果。文化方面的成果主要表现在：开办洋务学堂，打破了封建教育制度一统天下的局面；翻译了一批西方书籍，使资本主义思想和文化得以在中国传播；派遣留学生出洋求学，培养了一些建设国家、改革社会的有用之才。而所有这些又都促进了中西文化交流，是中外文化交流史上的重要篇章。

二、同文馆——洋务运动催生的产儿

鸦片战争之后，国门既然已经被迫打开，不管情愿与否，清政府都不得不面对各种各样的“夷务”：政治的、经济的、军事的、外交的、宗教的等等。越来越多的中外交涉自然需要越来越多的外交人才去应付，去办理；而培养这样的人才，让他们既懂得外国的语言文字，又知晓外国的民俗风情及其他方面的情况，就必须设立相应的学校，这是摆在洋务派面前的当务之急。

总理各国事务衙门成立不久，朝廷便决定开办培训中外交往所需翻译人才的外语学馆。1862 年，学馆正式在北京成立，定名“同文馆”[②]。最初开设的课程主要是英文、俄文和法文；1866 年又增设了算学馆，并招收满汉科举正途出身人员入馆；1871 年添设德文馆。1876 年，馆中正式规定：除英、法、俄、德等外语，学生还要兼习数学、物理、化学、天文、航海测算、万国公法、政治学、世界历史、世界地理以及译书等课程。1888 年，馆内添设**格致**馆、翻译处；1895 年又增设东文馆。洋务运动破产后，1902 年，同文馆并入 1898 年成立的京师大学堂[③]。

> 格致 gézhì
> 格物致知。格：推究；致：得到。意思是推究事物的道理，从而获得有关的知识。

① 中日甲午战争：战争发生于 1894 年即中国农历甲午年，中日海军大战于黄海，中国北洋舰队被动挨打，全军覆没。

② 创建于北京的同文馆，又名“京师同文馆”。

③ 京师大学堂：北京大学前身，创办于 1898 年 7 月 3 日。是中国近代第一所国立大学，其成立标志着中国近代国家高等教育的开端。

洋务学堂的最大特点或者说最大优势就是：所有西学课程的教员都由外国人担任，甚至总**教习**也曾由外国人担任。同文馆第一任外籍总教习就是美国长老会传教士丁韪良[①]。40年间，先后在同文馆担任过教习的外国人共50余人。外国教习带给同文馆的，除了西学知识，当然还有迥异于中国传统教育的方法、风格与模式。

> 教习　jiàoxí
> 教员的旧称。
> 显赫　xiǎnhè
> 权势、名声盛大显著。

以西文和西学教育为主的京师同文馆所培养的学生中尽管不乏庸碌之徒，但也还是有一些有用的人才。他们之中，有一部分从事外交工作，也有人从政、从军、搞实业。光在清末民初担任出使大臣或驻外公使的，就有张德彝、唐在复、陆徵祥、杨枢、刘镜人、刘式训、戴陈霖等多人。其中，张德彝[②]以其所著《航海述奇》而知名，陆徵祥[③]则因官至外交总长而**显赫**。《航海述奇》是张德彝海外所见所闻"奇事奇境"的真实记录，向当时的中国人展示了海外世界的丰富多彩。陆徵祥被派出席1919年的巴黎和会[④]，因和会拒绝中国取消"二十一条"[⑤]、收回山东权益以及取消列强在华特权的正当要求，国内爆发了"五四"爱国运动[⑥]。出于义愤也是迫于压力，以陆徵祥为首的中国代表团最终拒绝在巴黎和约上签字。

---

① 丁韪良（William A. P. Martin）：1827—1916。除曾任京师同文馆教习、总教习外，1898—1900年还被聘任为京师大学堂总教习。后创立北京崇实中学，自任第一任校长。1916年逝世于北京。"韪"音 Wěi。

② 张德彝：1847—1918。祖籍盛京铁岭。15岁时入京师同文馆学习，19岁时即被清政府委派参加第一次赴欧旅游观光团。一生8次出国，在国外度过27个年头。在法国，曾目睹了巴黎公社的伟大壮举。从1867年起，他便依次将自己的旅外见闻记录下来，辑成《航海述奇》《再述奇》《三述奇》，直至《八述奇》。"彝"音 yí。

③ 陆徵祥：1871—1949。上海人，原籍江苏太仓。曾先后就学于上海广方言馆和京师同文馆。毕业后即进入外交界，曾出任袁世凯政府国务总理和外交总长，代表中国政府与日本签署丧权辱国的"二十一条"。后又多次任北洋政府外交总长。巴黎和会使陆徵祥的外交报国理想彻底破灭，1920年，他辞去外交总长职务。因妻子是比利时人，他此后定居比利时布鲁日且皈依天主教，直至逝世。

④ 巴黎和会：全名"1919年巴黎和平大会"。是第一次世界大战结束后，包括中国在内的胜利的协约国集团为解决战争所造成的问题以及奠定战后和平而召开的会议。美、英、法三国最高领导人主导了和会的进行。尽管最后签订了《凡尔赛和约》，但并没有从根本上解决战后各国的矛盾。巴黎和会中国外交的失败直接导致了五四运动的爆发。

⑤ "二十一条"：也称《中日民四条约》。是日本妄图灭亡中国的秘密条款。1915年1月，日本驻华公使觐见中华民国大总统袁世凯，递交了含有"二十一条"要求的文件并要求中国政府"绝对保密，尽速答复"。其首要条款就是：承认日本继承德国在山东的一切权益，山东省不得让与或租借他国。"二十一条"的签订使中国进一步丧失了更多的主权。

⑥ "五四"爱国运动：是中国人民所进行的反帝、反封建的政治运动和文化运动。1919年5月4日，北京学生游行示威，抗议巴黎和会承认日本接管德国侵占中国山东的各种特权的无理决定，运动很快扩大到全国。在五四运动中，中国无产阶级作为觉悟了的独立政治力量登上历史舞台，马克思列宁主义在全国广泛传播，为中国共产党的成立做了准备。

除了培养人才，京师同文馆的另一重要“课程”是译书。总教习丁韪良就曾积极组织并推动同文馆师生致力于译书事业。其中，国际法方面著作的翻译与出版对当时的中国社会意义重大。比如丁氏根据美国人惠顿所著《国际法原理》译成的《万国公法》[①]，印行于1864年，第一次较为完整地介绍了当时西方资本主义国家之间通行的国际关系准则，对于长期处于封建统治下的中国人来说，自然是闻所未闻。它的问世从理论上打破了清王朝以“天朝上国”自居的愚昧观念，引起了知识界的关注。很快，《万国公法》便成为中国各通商口岸官员和一切涉外人员的必读之书，颇受推重。第二年，该书还东传日本，由日本的出版商翻刻印行，影响广泛。同文馆翻译出版的其他国际法著作还有《公法便览》《公法会通》《公法千章》《公法新编》等。

如前所述，洋务派创办的外语学馆，除了京师同文馆，还有上海的广方言馆和广州的同文馆。特别是上海的广方言馆，其西文教习也多由外国人担任，其中影响较大者，就有美国传教士林乐知[②]。在40余年的时间里，该馆先后培养出了五六百名学生，其中不乏有用之才。

三、派遣留学生——洋务运动的“创始之举”

由官方派人出国留学，对于倡导并促成此举的洋务派来说，主要还是为了满足洋务事业日益增长的人才需求。尽管这里面有着明显的**功利**色彩，但不可否认的是，能够派人出国求学，在当时的社会背景下，本身就是一种**惊世骇俗**的举动，是社会进步的表现。正如洋务派首领曾国藩[③]、李鸿章所言，是“中华创始之举”，是“古来未有之事”；或如近代资产阶级改良主义者容闳[④]所说，开了中国历史的“新纪元”。

功利 gōnglì
指名利和地位。

惊世骇俗 jīngshì-hàisú
成语。因言行异于寻常而使人震惊。

① 《万国公法》：初名《万国律例》。

② 林乐知（Young John Allen）：1836—1907。基督教美国监理会传教士。1860年来华，在上海传教，曾从王韬治学。1863年经冯桂芬介绍，担任上海广方言馆首任英文教习。他在华活动达47年之久，1907年逝世于上海。

③ 曾国藩：1811—1872。晚清重臣，洋务运动领袖。1853年至1864年，曾率兵镇压太平天国农民起义。思想方面，为清末理学思想的重要代表；文学方面，主张为文必须为当代政治服务；对外关系方面，反对虚骄自大，主张学习西方坚船利炮和科学技术，曾创办安庆内军械所和江南制造局。所著《曾文正公家书》即《曾国藩家书》，流传至今，影响深远。

④ 容闳：1828—1912。近代资产阶级改良主义者。广东香山县南屏镇（今属珠海）人。

一般认为，广东学子容闳是中国近代史上的第一位异域求学的留学生。1847 年初，香港马礼逊学堂学生容闳、黄宽、黄胜三人，跟随他们的校长、美国牧师布朗①赴美国求学。经刻苦努力，1850 年，容闳考取著名的耶鲁大学，四年后毕业，成为中国第一个取得美国一流大学学位的留学生。黄宽在美国读完两年大学预科之后，由人资助转赴英格兰爱丁堡大学学习医学，并于 1857 年取得博士学位，归国后在广州博济医院当医生。黄胜到美国一年后因病中止学业回国。

容闳像

容闳 1855 年归国，先后在香港、上海等地工作。1868 年，他曾通过江苏**巡抚**丁日昌②向朝廷提出派人出国留学的建议，未果；1870 年，他再度通过丁日昌向曾国藩陈述自己的主张，得到曾国藩支持。同年，曾国藩、李鸿章

> 巡抚　xúnfǔ
> 古代官名。清代称掌管一省民政、军政的长官。

① 布朗（Samuel Robbins Brown）：1810—1880。

② 丁日昌：1823—1882。广东丰顺人，晚清名臣。是洋务运动的风云人物，也是中国近代四大藏书家之一。

联名上奏折，很快得到同治皇帝批准。计划是根据容闳的建议拟定的，并于1872年开始实施。至1875年的四年间，清政府每年选派30名幼童赴美留学，共计120名。遗憾的是，由于清政府中顽固保守势力的反对和破坏，赴美学生在绝大多数没能完成学业的情况下，便于1881年被全部撤回。尽管如此，他们之中还是出了一些人才，并且为西方科技在中国的传播，为中国的军队、铁路和工业建设以及外交、教育等事业做出了重要贡献。这其中的**佼佼**者当推被誉为“中国近代工程之父”的铁路工程师詹天佑[①]。

詹天佑12岁时被选赴美留学，在修完小学和中学学业之后，于1878年进入耶鲁大学，学习土木工程和铁道工程，并于1881年取得学士学位。回国后，詹天佑并没有马上得到重用，直到1888年才被委任为中国铁路公司工程师。此后，他先后参与修建了多条铁路，其中最知名的是由他主持修建的中国人自建的第一条铁路——京张铁路[②]。京张铁路穿越**崇山峻岭**，工程浩大，设计巧妙，充分显示了作为总工程师的詹天佑的聪明才智和奋斗精神，同时也提高了中国人自建铁路的信心。

佼佼 jiǎojiǎo
胜过一般水平的。

崇山峻岭 chóngshān-jùnlǐng
成语。高大而险峻的山岭。

难能可贵 nánnéng-kěguì
成语。难做的事居然能做到，值得珍视。

在向美国派出留学生之后不久，清政府又向西欧几国派出了几批留学生[③]，人数也在百名以上。通过在国外几年的专业学习，其中的许多人在学成回国后也都有所建树。在留英学生中，后来还出现了一位中国近代史上著名的启蒙思想家——严复[④]。

选募学生出洋求学的积极成果应当归功于洋务运动的倡导者。当年，李鸿章曾把派人出国留学视为当务之急，视为“为国储才”以求自强的根本。从曾国藩、李鸿章呈送朝廷的奏折中，可以清楚地看出他们对派人出洋留学的认识与态度。这种认识与态度对于一百多年前的洋务派官僚来说，不仅是清醒的，而且更是**难能可贵**的。

容闳后来著有《西学东渐记》[⑤]一书，对向美国派遣留学生的事情做了总结，充分

① 詹天佑：1861—1919。“詹”音Zhān。

② 京张铁路：北京至张家口的铁路。1909年修建完成。现北京与张家口已通高铁。

③ 这几批留学生由福州船政局和北洋海军选派。

④ 严复：1854—1921。中国近代启蒙思想家、翻译家。福建侯官（今闽侯）人。1902年起曾担任京师大学堂编译局总办、复旦公学校长、京师大学堂校长等职。晚年思想、政治上趋向保守。有《严复集》传世。

⑤《西学东渐记》：原书英文名为*My Life in China and America*，出版于1909年。商务印书馆1915年翻译出版，改现名。作者容闳毕生的追求就是要使中国人了解西方，使西方文明传播于中国，以促进古老中国的现代化。该书可助读者了解容闳的生平与近代中国西学东渐的进程。

肯定了它的作用和意义，尽管它当时半路“**夭折**”。

以洋务运动为起始，出国留学渐成风气。甲午战争失败之后至辛亥革命[①]前夕，中国出现了一个留学热潮。数以万计的学子胸怀抱负，分赴日本及欧美诸国求学。他们探求的已不光是先进的科学与技术，更有资产阶级的社会政治学说。中国近代乃至现代许多颇有影响的革命家、思想家、文学家和科学家，几乎都有过留学的经历。

夭折　yāozhé
亦作“夭亡”。本指未成年而死；早亡。这里比喻的是事情中途失败。

第四节　晚清新一轮西学东渐的其他成果

甲午战败，1895 年，李鸿章代表清政府与日本签订了《马关条约》[②]。据此，日本割占了中国大片土地，进一步破坏了中国的领土完整，从而也更加助长了西方列强侵略中国的野心，给中华民族带来了空前的严重危机。

民族的耻辱感与危机感笼罩在中国人的心头。为了挽救民族危亡并在中国发展资本主义，以康有为、梁启超、谭嗣同为代表的改良派掀起了传播西学的热潮，戊戌维新登上了历史舞台。

维新人士大力鼓吹西方资产阶级的社会政治学说，主张在中国实行君主立宪；主张积极引进西方机器、教育、科技，提出在发展生产力的基础上建立与之相适应的社会关系；批判封建伦理道德和学术文化，同时也批判洋务派崇奉的“中体西用”说。他们试图通过上书皇帝和结社、讲演、报纸宣传等，形成社会政治运动，并在 1898 年“百日维新”中达到了高潮。所有这些，被认为是康有为、梁启超等改良派向西方学习取得的最高成就。他们的宣传和主张也敲响了封建专制政体的第一声**丧钟**。

丧钟　sāngzhōng
西方风俗，教堂在宣告本区教徒死亡或为死者举行宗教仪式时敲钟叫作“敲丧钟”。因此用“敲丧钟”来借指死亡或灭亡。

① 辛亥革命：1911 年（农历辛亥年）孙中山领导的、推翻清朝封建统治的资产阶级民主革命。它结束了中国 2000 多年的封建君主专制制度。1912 年 1 月 1 日，在南京成立了中华民国临时政府。由于资产阶级的妥协退让，革命果实被北洋军阀袁世凯所篡夺。

② 《马关条约》：中国清政府与日本明治政府于 1895 年 4 月在日本马关（今山口县下关市）签订的不平等条约，原名《马关新约》。根据该条约，中国割让辽东半岛、台湾岛及其附属岛屿、澎湖列岛给日本，赔偿日本白银 2 亿两（有研究者认为，正是这 2 亿两白银赔款，成就了日本的现代化）。该条约的签署标志着甲午中日战争的结束。

值得注意的是，戊戌变法是在中国民族资本主义获得初步发展的情况下发生的，而中国民族资本主义的正式产生却又是洋务运动的一个重要成果。因此有学者认为，没有洋务运动提供的社会基础和物质基础，没有洋务运动中一批思想家提出的思想观点做先导，戊戌变法的发生是不可想象的。

戊戌变法只进行了 103 天，即在以慈禧太后为首的地主阶级顽固派的镇压下失败了。显然，阶级力量对比过于悬殊是戊戌变法失败的主要原因；但必须看到，领导变法的资产阶级改良主义者在思想上存在局限性，不敢与封建主义彻底决裂，同时又对帝国主义抱有幻想，也是导致其失败的重要因素。

客观地来评价，可以说戊戌维新运动是一场思想启蒙和思想解放运动，其间兴起的各项资产阶级文化教育事业，培养、训练了一支中国近代知识分子队伍。另外，对于中国民族资本主义经济的发展和民族资产阶级的成长，对于中国近代科学技术的发展，戊戌维新也起了一定的推动作用。

从洋务运动起始到戊戌维新前后这一时期，各种各样的新式学校，形形色色的报纸、杂志，大大小小的教会医院，还有官办和民办的翻译馆、印书馆等，为西学传播开辟了广阔途径。这一时期出版的西书，内容涉及哲学、社会科学和自然科学等多种学科，数量也比此前半个世纪所出西书的总数多出几倍。西学影响逐渐扩大，已从知识分子精英阶层扩大到社会基层。从知识分子到普通市民，从沿海到内地，从民间到宫廷，西学影响随处可见。

戊戌变法失败，1900 年八国联军[①]的入侵使清政府威信扫地，更使爱国人士和知识分子失望到了极点。于是，知识分子中**骤然**兴起了一股留日热潮，西学传播的内容、方式也因此发生了变化。此前的西学主要是从英文、法文、德文等西书翻译过来的，现在则从日本转口输入，由日文直接译过来的图书数量剧增。

> 骤然 zhòurán
> 突然；忽然。

所出西书中，社会科学书籍比例明显增大。各种不同层次的新式教科书遍布城市乡村，西学影响日渐深入。新学科、新名词令人应接不暇。我们今天习用的许多名词、术语，诸如“社会、政治、政党、政府、政策、革命、组织、唯心、唯物、阶级、主义、思想、思潮、观念、意识、概念、纲领、理论、民主、自由、世纪、知识、经济、资本、

① 八国联军：为镇压义和团运动，由英、美、德、法、俄、日、意、奥八个国家的军队组成的侵华联军。

科学、工业、商业、物理、化学、市场、封建、法律、共和、方针、主体、客体、主观、客观、具体、抽象、原则、干部、哲学、文学、喜剧、悲剧、美学、美术、文化、文明、体育、艺术、服务、纪律、国际、俱乐部、图书馆、世界观、无产阶级、资本主义、社会主义、共产主义、形而上学”等等，都是那个时候作为日语“外来语”被引进并确定下来的。这些名词、术语的确定和使用，又为“五四”时期的白话文运动打下了基础。

这一时期，还涌现出了精通外文、能够独立译书的中国第一代翻译人才，其代表人物当推严复和马君武。

严复是福建侯官人，早年求学于福州船政学堂，光绪三年即 1877 年被选派赴英国留学，就读于格林尼茨海军大学。学习期间，他认真观察英国的社会制度，苦心研究资产阶级的社会政治学说，认真辨析“西学”与“中学”的异同。1879 年，严复学成归国，被任为福州船政学堂教习；次年又被委任为天津北洋水师学堂总教习，在那里执教达 20 年之久。中日甲午战争后，严复在天津《直报》先后发表《论世变之亟》《原强》《救亡决论》《辟韩》[①] 等一系列为人传诵一时的政论文章，斥历代帝王为“大盗窃国者”，反对顽固保守，主张向西方学习，提倡新学，实行改良。他认为，培养民力、民智、民德是使中国富强的根本办法。其具体方案是：禁止鸦片与妇女缠足，提倡尚武精神，废除八股[②]，提倡西学，废除专制政治，实行君主立宪。

> 亟　jí
> 急速；急迫。

严复最著名的译作是英国博物学家赫胥黎[③] 的《天演论》[④]，该书于 1898 年正式出版，意在以“物竞天择，适者生存”的进化论观点唤起国人救亡图存的意识。《天演论》的基本观点是：自然界的生物不是万古不变的，而是不断进化的，进化的原因在于“物竞天择”。“物竞”就是生物的生存竞争，“天择”就是自然选择；这一原理同

① 《辟韩》：“辟”音 Pì，义为“排除；驳斥”。《辟韩》一文最初发表于《直报》上，后《时务报》予以转载。该文批驳韩愈（唐代文学家、哲学家）关于君主专制和圣人天生的荒谬言论，强调“民为贵，社稷次之，君为轻”乃古今之通义，并指斥秦以来的历代君主皆为“窃国大盗”。文中不少观点为谭嗣同、梁启超等人吸取。

② 八股：通常说“八股文”。是明、清科举制度中规定的应试文体。题目主要摘自“四书”，论述内容则要求依据朱熹的《四书集注》等书，不得自由发挥。每篇结构、行文也有具体要求，形式呆板，严重束缚人的思想。

③ 赫胥黎（Thomas Henry Huxley）：1825—1895。进化学说的坚定支持者和积极宣扬者。

④ 《天演论》：严译名著。介绍进化论，敲响救亡警钟，引起中国思想界震动。严复所译实际上只是赫氏原著《进化论与伦理学》的一部分。

样适用于人类。进化论学说的基础是达尔文[①]在其《物种起源》[②]一书中奠定的，赫胥黎坚持并发挥了这一思想。

严复译述《天演论》，不是纯粹直译，而是有评论，有发挥。他将《天演论》导论分为 18 篇，正文分为 17 篇，分别冠以篇名，并对其中的大部分加了按语。在阐述进化论的同时，他还联系中国实际，向人们提出不振作自强就会亡国灭种的警告。他呼吁：只要**发愤**，变法自强，中国仍然可以得救，生死存亡，“其权仍旧**操**之于我”！

《天演论》的出版在中国思想界引起强烈震动。同治进士、散文家吴汝纶[③]读到此书，赞不绝口，竟亲笔把该书全文一字不漏地抄录下来，藏于枕中。康有为、梁启超等维新志士看了《天演论》后深受鼓舞，从中寻得了推进维新的思想武器。思想家们对严复至为钦佩，向来**目空一切**的康有为甚至称誉严复“为中国西学第一者也”。青年鲁迅其时正在南京求学，初读《天演论》也**爱不释手**，除了给过具体的评价，还称赞过严复的译书态度。在白话文尚未盛行的时代，严复的翻译方法恰好适合一般知识分子的阅读趣味。《天演论》内容警世，文辞**典雅**，译笔优美，自然**风行**一时。

除《天演论》外，严复还译有英国资产阶级古典政治经济学体系的创立者亚当·斯密[④]的《原富》、英国社会学家斯宾塞[⑤]的《群学肄言》[⑥]、英国唯心主义哲学家和经济学家穆勒[⑦]的《穆勒名学》[⑧]

发愤 fāfèn
下定决心努力；自觉不满足而奋力追求。

操 cāo
控制；掌握。

目空一切 mùkōng-yīqiè
成语。意思是一切都不放在眼里。形容非常狂妄。

爱不释手 àibùshìshǒu
成语。意思是因喜欢而舍不得放下。

典雅 diǎnyǎ
优美、高雅；不粗俗。

风行 fēngxíng
像风一样迅速流行。

① 达尔文（Charles Robert Darwin）：1809—1882。英国生物学家、进化论的奠基人。除了生物学，其理论对人类学、心理学、哲学的发展都有不可忽视的影响。恩格斯将“进化论”列为 19 世纪自然科学的三大发现之一。

② 《物种起源》：达尔文系统阐述生物进化理论的生物学著作。全名为《论依据自然选择即在生存斗争中保存优良族的物种起源》，1859 年出版于伦敦。

③ 吴汝纶：1840—1903。安徽桐城人。曾师事曾国藩，为桐城派末代宗师。曾为严复所译《天演论》《原富》两书的某个版本作序。

④ 亚当·斯密（Adam Smith）：1723—1790。其思想与主张代表了英国工场手工业已高度发展、产业革命开始时期的资产阶级利益。

⑤ 斯宾塞（Herbert Spencer）：1820—1903。英国社会学家、哲学家，理论社会学的创始人之一。

⑥ 《群学肄言》：原著名《社会学研究》。1903 年初版于上海，1908 年商务印书馆出版《订正群学肄言》。

⑦ 穆勒（John Stuart Mill）：1806—1873。后也译作“密尔”。英国哲学家、经济学家、逻辑学家。

⑧ 《穆勒名学》：原著名《逻辑体系》。

《群己权界论》①、法国资产阶级启蒙思想家孟德斯鸠②的《法意》③、英国逻辑学家和经济学家耶芳斯④的《名学浅说》⑤以及英国资产阶级学者甄克斯⑥的《社会通诠》⑦等著作，比较系统地介绍了西方资产阶级的政治经济学说，打开了人们的眼界，开阔了人们的思想，对中国的近代化进程起了推动作用。

严复译书，态度严谨，译笔流畅，文字简朴。在丰富的翻译实践的基础上，他首次提出了"信、达、雅"的翻译标准：信，就是内容要准确，即忠实于原文；达，就是表达要妥帖、通达；雅，就是文字要优美、典雅。严复的追求、努力和成就使他在晚清的西学东渐史上赢得了崇高的声誉。"五四"以后，不少知名人士都评价过严复。教育家、美学家蔡元培⑧说："五十年来介绍西洋哲学的，要推侯官严复为第一。"学者胡适⑨说："严复是介绍近世思想的第一人。"哲学家张君劢⑩说："侯官严复以我之古文家言，译西人哲理之书，名词句调皆出独创。译名如'物竞''天择''名学''逻辑'已为我国文字中不可离之部分。其于学术界有**不刊之功，无俟深论**。"

不刊之功　bùkānzhīgōng
成语。不可磨灭的功绩。刊："消除、磨灭"义。
无俟深论　wú sì shēn lùn
无须多说；用不着说更多的话（意思是大家都知道）。俟："等待"义。

马君武⑪是广西桂林人，是民国时期著名的政

① 《群己权界论》：原著名《论自由》。

② 孟德斯鸠（Charles de Secondat, de Montesquieu）：1689—1755。法国启蒙思想家、法学家。批判封建专制与天主教会，提出"三权分立"学说，主张开明的君主立宪制与信仰自由，要求宗教改革。其主要著作有《波斯人的信札》《罗马盛衰原因论》《论法的精神》等。

③ 《法意》：原著名《论法的精神》。

④ 耶芳斯（William Stanley Jevons）：1835—1882。

⑤ 《名学浅说》：直译为《逻辑入门》。

⑥ 甄克斯（E. Jenks）：1861—1939。

⑦ 《社会通诠》：直译为《政治历史》。"诠"音 quán，"说明、解释"义。

⑧ 蔡元培：1868—1940。近代教育家、美学家。浙江绍兴人。1917 年受命任北京大学校长，实行"思想自由，兼容并包"、教授治校的方针，提倡学术自由。新文化运动中，提倡白话文，反对文言文；提倡科学与民主的新思想，反对封建主义旧思想、旧礼教。有《蔡元培全集》传世。

⑨ 胡适：1891—1962。近、现代知名学者。字适之。安徽绩溪人。1910 年赴美留学，1917 年回国，任北京大学教授。后曾任北京大学校长。1949 年赴美，后去台湾任"中央研究院"院长。著述甚丰，有《胡适文集》多卷行世。

⑩ 张君劢：1887—1969。原名张嘉森。江苏宝山（今属上海）人。"劢"音 mài。

⑪ 马君武：1881—1940。近代诗人、教育家、翻译家。广西桂林人。早年曾留学日本、德国。曾任广西省省长、广西大学校长等职。

治活动家、教育家。早年曾留学日本，在日期间结识孙中山[①]，1905 年参与组织同盟会[②]；后赴德国留学，学习冶金，为中国近代获得德国工学博士第一人。20 世纪 20 年代末创办广西大学并被聘为第一任校长。他爱好文学，喜欢作诗，除译过英国浪漫主义诗人拜伦[③]、德国诗人席勒[④]等人的作品，还译过达尔文的《物种原始》即《物种起源》等书。所译穆勒的《自由原理》[⑤]文字简洁，通俗易懂，在当时产生过十分广泛的影响。

思考题：

1. 由于发生了“礼仪之争”，从明末清初开始的西学东渐进程也便终止了。请介绍一下“礼仪之争”是怎么回事。

2. 晚清的西学东渐是在怎样一种特殊的历史背景下出现的？请对此加以说明。

3. 担任晚清西学东渐先锋角色的是一些什么样的人物？请以马礼逊的事迹为例加以说明。

4. 晚清的西学东渐对中国文化产生了怎样的影响？请举实例加以介绍和说明。

5. 在中国近代史上，洋务运动起了怎样的作用？请介绍一下有关洋务运动的基本情况，包括其产生与失败的原因、其指导思想、其大致进程及其重要成果等等。

6. 严复是怎样的一个人物？请介绍一下他的主要经历和在思想文化上的重要贡献。

---

① 孙中山：1866—1925。中国民主革命的伟大先行者。名文，号逸仙。广东香山（今中山）人。1905 年在日本建立同盟会，被推为总理。1912 年 1 月 1 日在南京就任临时大总统，建立中华民国。1924 年召开中国国民党第一次全国代表大会，改组国民党，重新解释三民主义，采取“联俄、联共、扶助农工”三大政策，实行国共合作。1925 年逝世于北京。

② 同盟会：“中国同盟会”的简称。1905 年孙中山在日本东京成立的中国资产阶级革命政党。其政治纲领是“驱逐鞑虏，恢复中华，创立民国，平均地权”。

③ 拜伦（George Gordon Byron）：1788—1824。长诗《唐璜》是其代表作。

④ 席勒（Johann Christoph Friedrich von Schiller）：1759—1805。德国诗人、哲学家、剧作家，是德国古典文学中仅次于歌德的第二座丰碑。著名诗作有《欢乐颂》，著名剧作有《阴谋与爱情》《威廉·退尔》等。

⑤ 《自由原理》：《群己权界论》的另一译本。

填空练习：

1. 清朝雍正年间，随着禁教令的发布和耶稣会士被逐出中国国门，从明朝末年开始的＿＿（1）＿＿过程也便停止了，中国通向外部世界的大门被关闭。直到一百多年后的＿＿（2）＿＿年，＿＿（3）＿＿的大炮把中国紧闭的大门“轰”开，才出现了＿＿（4）＿＿。

2. 拉开晚清西学东渐序幕的是英国伦敦会传教士＿＿（1）＿＿。1807年，他奉派东来，成为第一个来华传教的＿＿（2）＿＿传教士。以他为首的传教士们主要在马六甲、新加坡、巴达维亚等地活动，在当地华侨中传播西学。除编写汉语语法书和英汉对照的字典外，他还翻译出版了完整的＿＿（3）＿＿。

3. 晚清时期，涌现出了一批精通外文并能独立译书的中国＿＿（1）＿＿，其代表人物当推严复和马君武。严复曾留学＿＿（2）＿＿，其最著名的译作是英国博物学家赫胥黎的《＿＿（3）＿＿》。该书出版后，一时在社会上引起巨大反响，“＿＿（4）＿＿”的表达给了中国知识界以极大震动和启示。

4. 严复译书，态度严谨，译笔流畅，文字典雅，并在长期翻译实践的基础上，首次提出了“＿＿（1）＿＿”的翻译标准。所谓“信”，意思就是内容要准确，或者叫作＿＿（2）＿＿；“达”，意思就是＿＿（3）＿＿；“雅”，意思就是＿＿（4）＿＿。

5. 这一时期，中国知识分子中出现了了解西学、吸收西学的趋向。其中的代表人物有林则徐、魏源、冯桂芬、李善兰等。林则徐在查禁＿＿（1）＿＿的过程中，同西方发生了直接的接触。他认识到，＿＿（2）＿＿是因噎废食。魏源和林则徐一样，都主张“＿＿（3）＿＿”。

6. 19世纪下半叶，＿＿（1）＿＿（简称“总理衙门”，相当于今天的外交部）的设立，＿＿（2）＿＿（培养外语翻译人才的学堂）的开办，以学习西方坚船利炮、声光化电为主要内容的＿＿（3）＿＿的开展，都对西学在中国的传播产生了重要作用。

7. 1898年的戊戌政变以及1900年八国联军的入侵，使清政府威信扫地，更使爱国人士和知识分子失望到了极点。于是，知识分子中骤然兴起了＿＿（1）＿＿的热潮，西学传播的内容、方式也因此有了变化。此前的西学主要是从英文、法文、德文等西书翻译过来的，现在则从＿＿（2）＿＿转口输入，由此途径译介过来的图书数量剧增，＿＿（3）＿＿令人应接不暇。

第五章　中国古代文化的外传及影响

内容导读：

第二、三、四章分别讲历史上中外文化的三次大交汇，主要讲的是外域文化给予中国文化的影响。从中我们可以清晰地看到，正是因为有了这样的交汇，中国文化才得以不断地丰富，不断地革新，不断地发展。

也正是在这样的交汇中，中国传统文化和中国古代文明也通过各种渠道传向了域外，传向了世界，并对世界文化的发展及整个人类的进步产生了重要作用和积极影响。专注描述中国传统文化的外传及其影响，便是这一章的主要内容。

教学建议：

通过本章内容的讲授，学习者可以了解中国不仅只是外来文化的接受者和受益者，在与外域文化的交流中，中国文化同时也是贡献者和影响者。另外，学完本章内容，学生也可加深对中国传统文化的理解与认知，拥有更开阔的文化视野，进而增强学习汉语的动力。因为所涉及的是中国文化的外传及影响，所以教师在讲授时会有更大的发挥空间。

授课时长：12 ～ 14 学时。

第一节　影响了世界的中国古代物质文明

中国是世界上最早养蚕织丝的国家。到商代时，作为一项重要的手工业，养蚕**缫**丝已经大有进步；再往后，到春秋[①]战国时期，丝织业更有了**长足**的发展，织机和织**锦**机已广泛应用，所织出的**绫**、**罗**、彩锦，工艺精美，品种繁多。那时，这些**光彩照人**的丝织物已成为中原与西北各游牧民族之间重要的等价交换物，并逐渐流向欧亚草原各地。

丝绸之路开辟后，中西之间的丝绸贸易便大规模展开，以丝绸贸易为主的中西文化交流也便得到了推动和发展。陕西、河南等地出土的唐三彩[②]中，人们发现了一种造型精美、色彩艳丽的三彩陶驼，背上驮着成捆的丝绸，正昂首直立，整装待发；牵驼的**陶俑**深目多须，服饰与汉人不同，显然是一位胡商。面对着这**栩栩**如生的艺术品，人们自然会**浮想联翩**，会想到丝路开拓者张骞的辛苦**奔波**，也会想到丝路上胡汉商旅不绝于途的壮观景象。

中国早在商代就有了文字，现在已发现的最古老的文字资料是商代后期的遗物。这些文字主

缫　sāo
把蚕茧浸在热水里，抽出蚕丝。

长足　chángzú
属性词。进展迅速的。

锦　jǐn
有彩色花纹的丝织品。

绫　líng
像缎子（质地厚密，一面光滑而富有光泽的丝织物，为中国特产）而比缎子薄的丝织品。

罗　luó
质地稀疏的丝织品。

光彩照人 guāngcǎi-zhàorén
成语。形容人或事物十分美好，或艺术成就辉煌，令人注目、敬仰。

陶俑　táoyǒng
古代殉葬用的陶制人像等。

栩栩　xǔxǔ
形容生动活泼的样子。

浮想　fúxiǎng
头脑里涌现的形象、感想。

联翩　liánpiān
亦作"连翩"。鸟飞的样子，形容连续不断。

奔波　bēnbō
忙忙碌碌地往来奔走。

---

① 春秋：中国历史上的一个时代，始于公元前 770 年，止于公元前 476 年。因鲁国编年史《春秋》包括这一时期而得名。与紧接其后的战国（前 475—前 221）时代合为东周时期。

② 唐三彩：一种盛行于唐代的陶制品，以黄、白、蓝为基本釉色，故称"唐三彩"。多为用于殉葬的冥器。作为工艺品，其线条粗犷有力，造型生动逼真，色泽艳丽且富有生活气息。

要保存在**龟甲**和牛**肩胛骨**上，因而称为“**甲骨文**”。后来，人们用毛笔蘸墨把文字书写在竹片、木片上，然后按照文义顺序将它们连缀起来，便成了书。写字的竹片叫简，许多竹片连缀起来就叫“**简册**”。在简册盛行的时代，丝织品也被用来作为书写材料，人们用毛笔在丝织品上写字抄书并称之为“帛书”。

简册十分笨重，丝织品又过于昂贵。西汉中后期，宫廷中已在使用一种丝质的纸，社会上也已有用植物纤维制造的纸张。东汉时期，**宦官**蔡伦[①]改进了造纸方法，将树皮、麻头、破布、废旧渔网等作为原料，采用新工艺，制造出了高质量的新型纸张，并于元兴元年即公元 105 年进献朝廷，受到朝廷赞赏。从此，这样的造纸方法便在全国推广开来，所造出的纸被称为“蔡侯纸”。

龟甲 guījiǎ
乌龟的硬壳，古人用它来占卜。殷代占卜用的龟甲遗存至今，上面刻着有关占卜的记载。

肩胛骨 jiānjiǎgǔ
人体背部最上部外侧的骨头，左右各一，略呈三角形。

甲骨文 jiǎgǔwén
古代刻在龟甲和兽骨上的文字，内容多是殷人占卜的记录。现在的汉字就是从甲骨文演变过来的。

简册 jiǎncè
也作“简策”。编串在一起的竹简，也借指史籍、史册。

宦官 huànguān
君主时代宫廷内侍奉帝王及其家属的人员，由阉割后的男子充任。也叫“太监”。

唐三彩（胡人与驼）

① 蔡伦：生年不详，卒于公元 121 年。东汉宦官，“蔡侯纸”的发明者。被纸工奉为造纸鼻祖、“纸神”。

经过200多年的发展和改进，到了晋代，造纸术已经有了极大进步，造纸材料极易得到，成本低廉，所造出的纸张平滑适用，很快就完全代替了竹简和**绢帛**，成了最理想的书写材料。公元5世纪，新疆吐鲁番已经有了造纸厂。在此之前，中国的造纸术早已传到朝鲜半岛，继而传入日本。唐代中期，造纸术西传至中亚和阿拉伯世界，再传到北非和欧洲。造纸术的发明与传播，对中国和世界文化的发展起了不可估量的作用。

绢　juàn
质地薄而坚韧的丝织品，也指用生丝织成的一种丝织品。
帛　bó
丝织物的总称。

与造纸术并称为中国古代“四大发明”的还有印刷术、火药和指南针。它们的出现与外传，都为世界文明的发展和人类进步做出了重要贡献。

除了丝绸和四大发明，对世界产生重要影响的中国古代物质文明还有茶和瓷器。

茶原产于中国。在作为日常饮料之前，茶还有一个主要供药用的阶段。唐代茶圣陆羽①在其所著《茶经》②一书中说：“茶之为饮，发乎神农氏③。”《神农本草经》④中有这样的记载：“神农尝百草，日遇七十二毒，得荼⑤而解之。”

在中国，大约四千年前，就已有人用茶治病。从周、秦开始，先是上层人物把茶作为饮料，后来逐渐推广到平民百姓中。到了汉朝，民间饮茶风习日渐形成，至唐代已相当兴盛。

饮茶的同时，中国人也开始人工栽培茶树。公元3世纪时，在四川、云南一带，种茶已相当普遍。除了种植茶树，人们也不断地对茶进行开发，逐渐掌握了各种加工方法。当时，茶主要有红茶、绿茶两大类，其他还有黄茶、黑茶、青茶、白茶、花茶等多类，其饮用价值大大提高。

大约在1200多年前的奈良时代⑥，中国茶传入了日本。曾有人热心提倡饮茶。到

① 陆羽：733—804。唐代复州竟陵（今湖北天门）人。成年后即立志于研究茶叶科学，历30年时间，著成《茶经》3卷。被人尊为“茶圣”。

② 《茶经》：唐代陆羽著。中国第一部关于茶叶的专著，成书于公元762—774年。该书介绍了唐代中期以前中国茶叶生产的历史与发展情况，对茶树的起源、生态环境、栽培经验，茶叶的制作工艺、采制方法，煮茶时使用的器具、方法、水质，以及饮茶习俗、茶叶功效、品评标准等做了系统而全面的记述与总结。

③ 神农氏：亦称“炎帝神农氏”，即炎帝。中国传说中的三皇之一，上古姜姓部落首领，曾教导人民从事农耕，并发明了草药，为人治病，因此被尊奉为医药和农业的创始者。

④ 《神农本草经》：中国古代药物学的重要著作。为秦汉时人托名“神农氏”所作。现传本收辑中药365种，对其性味、功用和疗效，都有较为详细的阐述。

⑤ 荼：“荼”的古字。此字今读tú音，所指的是古书上说的一种苦菜。

⑥ 奈良时代：公元710年，日本奠都平城京即今奈良，奈良时代由此开始。终于公元794年。

了宋代[①]，有人将茶种带入日本，日本的茶树栽培得到普及，茶叶产量不断增加，饮茶在广大民众中渐成风习，并逐渐形成了其独特的“**茶道**”文化。

瓷器，曾被人称为中国的“第五大发明”。传说中的燧人氏[②]、神农氏是制陶鼻祖。商代的釉陶则有原始瓷器之称。唐和五代[③]，中国的制瓷技艺已有长足的进步，陶瓷制作处于一个大发展时期。当时烧制出的瓷器，晶莹洁白，光彩照人，被人们称为“假玉”。瓷器从唐朝中晚期开始已列入大宗外销货物之一。中国瓷器不光销往今伊朗、伊拉克、叙利亚等中东地区，还销往日本、朝鲜及南洋诸国，甚至远销非洲。一些阿拉伯商人从事贩运瓷器的生意并因此致富。

宋代，烧制瓷器的官窑和民窑遍布中国各地。也就是从这时起，景德镇逐渐成为全国陶瓷生产中心。景德镇瓷有“白如玉，明如镜，薄如纸，声如**磬**”之誉。当时，中国瓷器在欧洲市场上与黄金等价。随着中外贸易和交往的增加，中国的制瓷技术也相继传到了阿拉伯诸国，传到日本、泰国等亚洲国家，以及意大利、荷兰、法国和英国等欧洲各国。

茶道　chádào
通过沏茶、品茶以及相关的礼节来陶冶性情的饮茶程式和技艺。起源于中国唐代，后流传至日本。

磬　qìng
中国古代的一种打击乐器，形状像曲尺，用玉或石制成。

景德镇瓷器

① 宋代：中国历史朝代，始于公元 960 年，终于 1279 年。分北宋和南宋。

② 燧人氏：传说中人工取火的发明者。远古时代，人们茹毛饮血，燧人氏钻木取火，教人熟食。“燧”音 Suì。

③ 五代：唐代以后，后梁、后唐、后晋、后汉、后周先后在中原建立政权的时期，907—960。

到了明代，中国的制瓷技术已经达到了顶峰。永乐①、宣德②年间制造的白地蓝花的**青花瓷**更是名满天下。那个时期，中国瓷器在美洲市场上贵如白银。欧洲人见到瓷器就想到中国，提到中国就想到瓷器。英国人称中国为 China，原意就是瓷器。西亚、非洲诸国甚至把瓷器作为中国的代名词。土耳其语称“中国”为“秦”，专称中国的瓷器为“七尼”，“秦”与“七尼”的发音几乎相同。

千百年来，世界各国的皇室豪门都以收藏中国瓷器为荣耀。建于 1924 年的土耳其托普卡珀宫博物馆收藏有陶瓷制品上万件。据说至今存世的完整的元代青花瓷仅 200 件，该馆就藏有 40 件，此外还有 54 件明代早期青花瓷，件件堪称精品。这些瓷器造型优美，色彩清新，有着很高的艺术价值。

亚非欧诸国在掌握了制瓷技术之后，纷纷仿制中国瓷器。公元 10 至 11 世纪，埃及仿制的中国**青瓷**、青花瓷，从形制到花纹，都相当成功，后期制品简直可以乱真。埃及瓷器的最大特点是在制品上写上制作者的姓名。日本有个名叫加藤四郎的陶工，因父亲仿制中国瓷器失败，便立志继承父业，于 1223 年来到中国学习制瓷技艺。五年后，他学成归国，在濑户③找到了优质瓷土，便开窑烧制，所制瓷器被称为“濑户烧”，十分精美。加藤四郎因此成了日本的“陶瓷之祖”。

> 青花瓷　qīnghuācí
> 又称“白地青花瓷”，常简称“青花”。中国瓷器的主流品种之一，也是中华陶瓷烧制工艺的珍品，属釉下彩瓷。“青花”技术始于唐，经宋、元的辉煌发展，到明时达到鼎盛。
>
> 青瓷　qīngcí
> 不绘画只涂上淡青色釉的瓷器。

第二节　精神文明层面上中国文化的外传

精神文明层面上向外传播的中国文化，除了佛教文化外，还有儒家学说以及其他方面的文化。

一、佛教文化

公元 4 世纪后半叶，正处在中国化进程中的佛教开始向东传播，首先传入朝鲜半岛，并很快在朝鲜半岛兴盛起来。隋唐时代，在佛教中国化的进程基本完成之后，佛

① 永乐：明成祖朱棣（Dì）年号，始于 1403 年，止于 1424 年。
② 宣德：明宣宗朱瞻（Zhān）基年号，始于 1426 年，止于 1435 年。
③ 濑户：日本地名。“濑”音 Lài。

教进一步向东传入日本。

公元 372 年，前秦[①]皇帝苻坚[②]遣僧人使者送佛像和佛经至高句丽[③]，高句丽建寺以安置苻坚派去的使者。高句丽是当时存在于中国东北地区和朝鲜半岛的一个政权。佛教也由此传入朝鲜半岛。至隋唐时，三国及统一后的新罗在中国留学的僧人很多。在中国佛教各宗派次第形成后，也多由留学僧学得并先后传入朝鲜半岛。来华留学求法并在日后为佛教在朝鲜和日本传播做出较大贡献的朝鲜历代僧人较多，主要有慧灌、道登、圆测、圆光、胜庄、道证、智风、智鸾、智雄、义湘、慈藏、法朗、信行、本如、洪直、慧哲、鸡林道义、无染、顺支、明朗、义天等。其中，圆测为玄奘著名弟子之一，义湘归国后被尊为“东海华严初祖”。自明清起，朝鲜佛教界出现了儒释会通、禅净兼修、教禅一致等风气，与中国佛教界的情形颇为相似。

佛教传入日本，通常以公元 552 年朝鲜百济圣明王向日本钦明天皇赠送佛像、佛经等并劝信佛法为初始[④]。飞鸟时代[⑤]，因圣德太子奉高丽僧慧慈为师学习佛法，佛教在日本迅速传播。天平十三年即公元 741 年，圣武天皇敕建东大寺[⑥]，并在多地建分寺，均由东大寺**统辖**。公元 753 年，唐高僧鉴真受邀赴日本，便在东大寺传授戒律。除在奈良建唐招提寺外，鉴真还在奈良之西建西大寺，与东大寺相辉映。从飞鸟时代到奈良时代，直接或间接从中国传入日本的佛教宗派和**学派**就有三论宗、法相宗、华严宗、律宗以及俱舍学派、成实学派等。

公元 9 世纪初，日本最澄、空海入唐求法，习天台教观。回国后，最澄在比睿山创立日本天台宗，空海在高野山创立日本真言宗，二人所创宗派被称为“平安二宗”。9 世纪后，净土宗和禅宗也由来华学佛的日本僧人相继传入日本。净土宗初时便形成

> 统辖　tǒngxiá
> 统一管辖（所属单位或人员）。
> 学派　xuépài
> 同一学科中，由于学说、观点和诠释主张不同而形成的派别。

---

① 前秦：十六国之一，由氐族人所建。始于公元 351 年，终于 394 年。

② 苻坚：338—385。前秦君主，世祖宣昭皇帝，公元 357—385 年在位。氐族。

③ 高句丽：公元前 37 年—公元 668 年，历史上在中国东北地区和朝鲜半岛上存在的一个政权。音 Gāogōulí。

④ 关于中国佛教初传日本的时间，也有学者称为继体天皇十六年，即公元 522 年。其时中国梁人司马达等抵日本，设草堂置佛像礼拜，为日本有佛教之始。

⑤ 飞鸟时代：公元 6 世纪末，推古天皇继位，圣德太子摄政。圣德太子尊崇儒学，提倡佛教，进行社会改革。历史上称这一时期为“飞鸟时代”。

⑥ 东大寺：位于平城京即奈良东，为日本华严宗大本山，又称为“大华严寺”。

了五派二宗，后又分出所谓“净土真宗”[①]；禅宗[②]则发展为临济、曹洞、黄檗[③]三宗。

中国佛教与越南佛教同样有着很深的渊源。公元2世纪末，学者牟融[④]为避战乱，从故乡苍梧即今广西梧州南下交趾[⑤]。据记载，牟融精通儒家经典，博览诸子百家[⑥]著作，但因一心向佛“背离了传统儒学”而遭**世俗鄙弃**，于是他针对人们的非难和疑问一一进行答辩。《牟子理惑论》[⑦]之名即由此而来。《牟子理惑论》被认为是中国最早的佛学论著之一，是了解佛教初传中国的情况、研究中国佛教形成和发展的一部重要文献。有学者也将此视为佛教传入越南之初始。

世俗　shìsú
宗教教义认为一切事物具有两种形式：天上的形式为“神圣”，人间的形式为“世俗”。这里指的是不信仰佛教的人们。
鄙弃　bǐqì
厌恶；看不起。

后世，对越南佛教影响最大的是禅宗和莲宗。前期所弘传的禅法被称为“禅宗前派”，承中国禅宗三祖僧璨[⑧]的衣钵；祖籍广东的百丈禅师弟子无言通禅师，于唐元和[⑨]十五年即公元820年到越南，在今北宁省建初寺开创“无言通禅派”[⑩]。此后四百年间，该派一直为越南禅宗主流。越南禅宗的另一流派是“雪窦明觉派”[⑪]，创始于雪窦重显弟子草堂禅师，主要传“雪窦百则”，主张禅、净一致。据说越南李朝君臣多参学于草堂禅师。

13世纪，越南陈朝太宗[⑫]皇帝重佛，曾受教于由中国赴越的天封禅师，又曾参学于宋朝的德诚禅师。三传而至陈仁宗[⑬]，仁宗皇帝更加笃志向佛，后出家为僧，号竹林

① 净土真宗：亦称“真宗”“一向宗”。到目前，该宗共有10派22个教团。
② 禅宗：中国禅宗自六祖慧能以下分为南岳、青原两系。南岳一系发展为临济、沩（Wéi）仰二家，青原一系发展为曹洞、云门、法眼三家，合称五家宗派。
③ 黄檗：禅宗宗派。其源头在中国福建福清黄檗山万福寺，故名。“檗”音bò。
④ 牟融：东汉末学者。学识渊博，人称“牟子”。著《牟子理惑论》以扬佛法。
⑤ 交趾：古代地名，在今越南北部。后世又称“交州”。
⑥ 诸子百家：指先秦至汉初各学派及其代表人物。诸子指儒家的孔子、孟子，道家的老子、庄子，法家的韩非子，墨家的墨子等；百家指儒、道、法、墨等诸家。
⑦《牟子理惑论》：通称《牟子》，又称《理惑论》，共37章，加首章“序传”和“跋”共39章。收入南朝齐梁佛教学者僧祐所编《弘明集》中。文中广引孔子、老子论点，为佛教辩护，并宣扬佛教与儒、道精神一致。
⑧ 僧璨：生年不详，卒于公元606年。早年即从慧可学法，被尊为中国禅宗三祖。
⑨ 元和：唐宪宗李纯年号。公元806—820年。
⑩ 无言通禅派：也称越南“禅宗后派”。
⑪ 雪窦明觉派：又称“草堂禅派”。11世纪中期由旅居升龙（今河内）开国寺的草堂禅师创立。1225年随李朝的覆灭而趋于衰亡。
⑫ 陈朝太宗：1225—1258年在位。
⑬ 陈仁宗：1279—1293年在位。

大士，并将道场设于安子山花烟寺，成为“竹林禅派”的开山之祖。该派因专注于临济宗，因此又被称为“竹林派临济禅”。17 世纪时，竹林禅派渐渐染上净土色彩，越南佛教新宗派——莲宗就是由竹林禅派分立出去的，其渊源是中国南宋慈照[①]所倡导的白莲宗。慈照的白莲宗，即俗称的“白莲教”，是在流行的净土结社的基础上创建的新教门，属民间教派，其教义初时与净土宗大致相同，后期有所发展、变化。

二、儒家学说

西汉时，儒家学说被立为封建文化的正统，历代封建统治者都尊儒家学说的创立者孔子[②]为圣人。可以说，作为中国传统文化主导思想的儒家学说，在中国历史上流传最广、影响最大。而中国文化对外的影响，就思想方面而言，主要是儒家学说的影响。在越南、朝鲜半岛和日本，儒家学说曾是其古代的正统思想，统治者曾把它奉为治国安邦的**圭臬**，老百姓则把它当作为人处世的准则。

> 圭臬 guīniè
> 比喻准则或法则。

孔子像

① 慈照：俗姓茅，名子元，江苏昆山人。

② 孔子：前 551—前 479。春秋末期思想家、政治家、教育家。儒家学说创始人。现存《论语》，汇集了他的言论，是研究其学说的主要资料。

（一）传亚洲

中国儒学东渐日本，最早也是以朝鲜半岛为媒介进行的。有记载称，公元 385 年，朝鲜百济博士王仁[①]应邀赴日本，携去《论语》《千字文》[②]等中国典籍；应神天皇[③]之子稚郎子拜王仁为师学习《论语》，从此中国典籍和汉字正式传入日本。从应神天皇至推古天皇的 300 年间，以《诗经》[④]《尚书》《礼记》[⑤]《易经》[⑥]《春秋》[⑦]等儒学经典为主要载体的中国古代思想文化，通过朝鲜半岛，从东亚大陆逐渐传到了日本。

由于受儒家思想影响，大和朝廷诸王逐渐形成了前所未有的治国理念，比如仁德天皇[⑧]的治国理念就是"君以百姓为本"。他认识到：百姓贫，国君就贫；百姓富，国君就富。他采取了一系列富国安民的办法：其一是轻徭薄赋，其二是崇尚节俭，其三是兴修水利。这些办法都是中国秦汉以来**贤君**所采用过的，施行的效果非常显著。

中国的唐代虽然在宗教信仰方面也推崇道教和佛教，但在政治统治方面，却始终以儒家思想为主导。从总体上看，日本奈良王朝治政的指导思想也同样是中国的儒家思想，比如孝谦天皇，她笃信佛教，但却经常研习儒家经典。在位期间，她特别注重实行安民政策，常派使臣到各地巡问民情，**扶贫恤病**，救济饥寒。她以"治国安民必以孝理"为由，令全国百姓家藏《孝经》[⑨]一册，"精勤诵读，倍加教授"，若有孝行出众者，便给予奖励

> 贤君　xiánjūn
> 贤明的君主。意思就是有才能、有德行的君主。
>
> 扶贫　fúpín
> 帮扶贫穷的人。
>
> 恤病　xù bìng
> 救济生病的人。

---

① 王仁：也有人说他是居住在朝鲜乐浪郡的汉人。日本史书中亦称之为"和迩吉师"。也有学者怀疑其人是否真实存在。

② 《千字文》：中国传统蒙学（旧时指对儿童进行启蒙教育的私塾，也称"蒙馆"）课本之一。南朝梁周兴嗣编，拓取王羲之遗书中不同的字 1000 个，编成小册子，四字一句，对偶押韵，叙述有关自然、社会、历史、伦理、教育等方面的知识。隋代开始流行，成为蒙学课本。

③ 应神天皇：传说中日本第 15 代天皇。

④ 《诗经》：中国第一部诗歌总集。收录了西周初年至春秋中叶（约公元前 11 世纪至前 6 世纪）大约 500 年间的诗歌 305 篇，列为六经之一。分"风""雅""颂"三大类："风"是民间歌唱的诗，"雅"是朝廷演唱的诗，"颂"则是宗庙祭祀的诗。《诗经》不但是中国最古老的一部文学典籍，也是研究殷周社会先民生活的宝贵史料。

⑤ 《礼记》：相传由西汉戴圣依据秦、汉以前各种礼仪论著编定，计 49 篇，主要是孔子弟子及其再传、三传弟子等所记。

⑥ 《易经》：简称《易》，或称《周易》。据传由周人所作，内容包括《经》《传》两部分。

⑦ 《春秋》：中国最早的一部编年体断代史。相传由孔子据鲁史材料编成。

⑧ 仁德天皇：即稚郎子的哥哥大鹪鹩尊。

⑨ 《孝经》：儒家经典之一，共 18 章。相传为孔子门生所作。东汉末年列入儒家七经，以阐扬孝道、维护宗法制度为宗旨。

表彰，凡“不孝、不恭、不友、不顺者”，则流放东北荒凉之地。

公元 759 年 6 月，淳仁天皇曾发布**敕令**，要求各级官吏均要以儒家的仁、义、礼、智、信[①]为治民之道，并明确规定了施行仁义之政的具体标准：（1）不滥杀生，能**矜**贫苦为仁；（2）断诸邪恶，修诸善行为义；（3）事上尽忠，抚下有慈为礼；（4）遍知**庶事**，**断决**是非为智；（5）与物不**妄**，触事皆正为信。

与此同时，还对不行仁义而行贪、嗔、淫、盗等行为做出惩罚性规定。奈良王朝把中国儒家学说中的仁、义、礼、智、信移植到日本的政治生活之中，其目的，用孝廉天皇的话说，就是“防乱于**未然**”。意思就是以儒家学说的教条从思想上控制人民，防止人民的不满和反抗，最终达到巩固封建统治的目的。

敕令 chìlìng
皇帝下达的命令。

矜 jīn
怜悯；怜惜。

庶事 shùshì
众多的事；世间的纷繁杂事。

断决 duànjué
判断；决断；分辨。

妄 wàng
任意胡为；轻率行动。

未然 wèirán
还没有成为事实的时候。

朝鲜、越南是中国的近邻。历史上，每当中原战乱，总有大批汉人避居其地，以儒家学说为核心的中国文化，便由汉人官吏和流亡到那里的汉人儒生带入并加以传播。随着与中国经济、文化交流的日益扩大与加强，儒家学说在那里的影响也越来越大。唐宋元明几朝都允许朝鲜、越南学子参加中国的科考，因而进一步推动了儒学在这两个国家的传播。

儒家学说在朝鲜半岛的传播过程，从传播的具体内容及其社会地位来看，以公元 13 世纪为分界，大致可分为两个阶段：13 世纪以前，是汉唐儒学的传播阶段，儒学在与佛学的斗争中尚未确立起它在半岛的主导意识形态地位；13 世纪以后，是程朱理学的传播阶段，尤其是随着朝鲜王朝[②]建立后崇儒排佛政策的实行，儒家思想在半岛占据了绝对的统治地位。

① 仁、义、礼、智、信：儒家伦理学说的五种道德观念。仁，即仁爱，中国古代一种以同情、友爱、助人为乐的思想感情为核心的道德观念；义，即公正无私的道理或合乎道德规范的行为；礼，即知礼节，讲礼貌，懂谦让；智，即聪明，有智慧，能明辨是非；信，即讲信用，守信义，珍信誉。

② 朝鲜王朝：亦称“李氏朝鲜”，简称“李朝”。建于 1392 年，终于 1910 年。由李成桂所建，初都开京，不久即迁都汉城（今首尔），是朝鲜半岛历史上最后一个统一的封建王朝。

唐代，新罗与唐建立了密切的同盟关系，儒学在新罗通过学校教育获得了进一步传播。从公元640年起，新罗开始派遣留学生入唐学习。当时的唐朝**国学**已将儒家经典作为主要教材，从而为新罗留学生在完成学业归国后传播儒学打下了坚实的知识基础。新罗统一半岛三国后，即在中央设置国学机构，招收贵族子弟进入国学学习。新罗政府还通过入仕考试促进人们系统地学习儒家经典，逐渐将中国儒家的**“德治”“仁政”“正名”**等政治思想和“忠”“孝”等社会伦理思想内化为人民的民族精神。

> 国学 guóxué
> 国家设立的最高学府。
>
> 德治 dézhì
> 中国古代儒家强调以道德教化来治理国家的政治思想。
>
> 仁政 rénzhèng
> 宽厚仁慈的政治措施。
>
> 正名 zhèngmíng
> 辩证明实。孔子提出的伦理政治主张，即通过辩证宗法等级的名分，达到“君君、臣臣、父父、子子”之实，不许超越本分，以维护礼制秩序。

如前所述，理学是在儒学的基础上吸收了佛学和道家的一些思想而形成的一种新的学术思想，常被人们称为“新儒学”，也称“程朱理学”。朝鲜高丽王朝[①]末期，程朱理学传入半岛。从此，佛教渐受排斥。朝鲜王朝时期，程朱理学的发展则构成了中国与朝鲜半岛文化交流的一个重要侧面。

从16世纪起，在学者们的相互争鸣与论战中，朝鲜建立起了规模更加宏大的儒学体系，将儒学视为“儒教”，把儒家经典奉为“圣经”，把孔子尊为教主加以膜拜。这一时期，相继出现了一些著名的理学思想家，如徐敬德[②]、李滉[③]、李珥[④]和李彦迪[⑤]等。

正是朝鲜王朝时期，研究朱子学的中心从京城转移到了地方，半岛各地先后建起了许多供地方弟子研究学问、准备科考的教育机构——儒家书院。其中较为著名的书

---

① 高丽王朝：又称“王氏高丽”，简称“高丽”。朝鲜半岛古代国家之一。建于公元918年，终于1392年。公元918年，泰封君主弓裔部下起事，拥立王建为王。935年合并新罗，936年灭后百济，实现“三韩一统”，建都开京（今朝鲜开城）。

② 徐敬德：1489—1546。李朝唯物主义哲学家。开城人。下层官吏出身，终身不仕。因长期生活在开城郊外花潭，世称“花潭先生”。

③ 李滉：1501—1570。李朝唯心主义哲学家，朝鲜理学退溪学代表人物，被人誉为“朝鲜的朱子”，亦被公认为朝鲜儒学泰斗。晚年定居故乡（今庆尚北道安东市），在退溪建立书院，从事教育和著述。“滉”音Huàng。

④ 李珥：1536—1584。李朝哲学家、政治家、教育家。号栗谷，出生于江陵（江原道）。朝鲜理学栗谷学代表人物。“珥”音Ěr。

⑤ 李彦迪：1491—1553。李朝哲学家、辞赋家、诗人。京畿道骊州人。做过官，曾遭排斥，亦曾被流放。1570年朝鲜颁布的《国朝儒先录》将其列为“朝鲜四贤”之一。

院有：庆尚北道的陶山书院、屏山书院、玉山书院、绍修书院，大邱的道东书院，庆尚南道的蓝溪书院，忠清南道的遁岩书院，全罗北道的武城书院和全罗南道的笔岩书院等。这些书院不仅在历史上发挥了重要的教化作用，有些还成了半岛保留至今的重要文化遗存[①]。

从公元 10 世纪至 19 世纪，越南文化在意识形态上的主要特点就是儒、释、道并存，但其总的发展趋势是，随着封建国家的发展，儒家学说的作用不断加强。

李朝太宗皇帝曾规定，朝廷官员每年必须到铜鼓神庙行盟礼，宣读“为子不孝，为臣不忠，神明**殛**之”的誓词，用儒家的忠、孝伦理思想约束官员。神武二年即 1070 年，李圣宗下令在京城升龙建文庙，塑周公、孔子及先贤之像，越南从此有了祭祀孔子的地方。太宁四年即 1075 年，李仁宗效仿中国的科举制度开科取士，这是越南最早的科考。第二年，李朝又设国子监，延请文学之士任教。此后是陈朝，科举制度更加趋于制度化，儒家和孔子的地位也进一步提高。再后经胡朝到黎朝，黎朝从一开始就崇拜孔子，并以儒家学说作为自己的统治思想；黎朝之后的阮朝，是越南封建王朝尊孔崇儒的极盛期，除了进一步抬高孔子的地位，在科考中，朝廷还规定独试儒学，并在考试中引进八股制。

> 殛 jí
> 杀。

（二）传欧洲

儒家思想也远传欧洲。经来华传教士介绍而西传的以儒家学说为主的中国哲学思想，特别是儒家学说所论述的天人合一[②]、道德修养、家庭与国家的关系、个人对国家的责任、和谐的人际关系、有序的社会组成、宁静而富足的小康生活等等，都曾使启蒙思想家受到启示和鼓舞。18 世纪，欧洲资产阶级思想家发动并领导了一场反封建反宗教神学的思想文化运动，他们宣传自由、民主和平等思想，高举“**理性**崇拜”大旗，以政治自由对抗专制暴政，以信仰自由对抗宗教压迫，以“**天赋**人权”口号对抗“君权神授”观念，从而

> 理性 lǐxìng
> 用理智控制行为的能力。
>
> 天赋 tiānfù
> 自然赋予；生来就有。

① 2019 年，上面所列的 9 座儒家书院遗迹入选世界文化遗产。

② 天人合一：即“天道”和“人道”，自然和人为的相通或相类。天人相通观念发端于孟子，成熟于宋代理学。认为天的根本德性，即含于人的心性之中。宇宙本原，是人伦道德的根源；人伦道德，是宇宙本原的显现。人之所以异于禽兽，即在人之心与天相通。

为资产阶级革命做好了思想和舆论准备，这就是西方思想史上著名的“启蒙运动”①。启蒙运动被认为是欧洲文艺复兴②后的又一次思想解放运动。正是在同封建神学和封建专制制度进行斗争的过程中，那些有着世界眼光的启蒙思想家发现了中国，并从中国儒家学说中汲取了营养。

法国是启蒙运动的中心。这场运动的旗手是资产阶级进步思想家、被人们誉为“欧洲的良心”的伏尔泰③，他呼吁欧洲人抛弃当时占统治地位的欧洲中心论，主张从东方哲学中寻找智慧和真理。他主张，对中国文化一要赞美，二要自惭，三要模仿。他崇拜孔子的为人和学说，把孔子称为宣扬伦理道德的圣人，同时把中国文化看成是最合乎理性的、**人道**的文化。他曾这样评价：“孔子是真正的圣人，他自视**清高**，是人类的立法者，绝不会欺骗人类。”他还说，孔子的“**己所不欲，勿施于人**”应该成为人们的处世原则。熟悉中国传统文化的读者可以看到，伏尔泰在其《自然法赋》一书中所论述的理性道德，受中国宋明理学的影响随处可见。伏尔泰还宣称，中国文化具有**宽容**的品格。在《论孔子》一文中，他说：“孔子倡导的不仅是礼让，而且是宽容，他赞赏一切善行。”

人道　réndào
尊重并维护人权、人格的道理，也指人与人的等级关系，即封建礼教所规定的人伦，如父慈、子孝等。

清高　qīnggāo
纯洁高尚。

己所不欲，勿施于人　jǐsuǒbùyù，wùshīyúrén
语出《论语·卫灵公》。欲：想要；希望。施：施加。意思是：自己所不愿意的，不要施加给别人。

宽容　kuānróng
待人宽大能容忍；有气量。

中国儒家的自然观、道德观和政治理想，也同样成了法国启蒙运动中以狄德罗④为代表的“百科全书派”有力的思想武器。狄德罗主编的《百科全书》汇集了当时自

① 启蒙运动：特指17至18世纪法国大革命前法国资产阶级进步思想家反对封建制度和宗教神学的思想革命运动。它为法国资产阶级革命做了舆论准备。

② 文艺复兴：欧洲（主要是意大利）于14至16世纪发生的文艺革新运动。其主要思想特征是提倡以人为本位，反对以神为本位；其主要文化特点是主张复兴被遗忘的希腊、罗马古典文化。文艺复兴运动为资产阶级登上政治舞台制造了舆论，被看作中世纪与近代的分界。

③ 伏尔泰（Voltaire）：1694—1778。法国启蒙思想家、哲学家，他提出了“天赋人权”思想，认为人生来就是自由和平等的，人人都具有追求生存和幸福的权利，这种权利是天赋予的，不能被剥夺。曾写有《论孔子》，被认为是第一个对孔子发表评论的欧洲学者。

④ 狄德罗（Denis Diderot）：1713—1784。18世纪法国唯物主义哲学家，“百科全书派”代表。他把世界设想为一个大系统，认为存在于其中的只有时间、空间和物质；物质本身具有活力，能够自行运动，不需要它以外的神秘力量参与。同时强调感觉论，认为出现在理智之中的，必然首先导源于感性认识，主张感性认识与理性认识两条轨道相辅相成，共同推进人类认识。

然科学和社会科学的最新成果，也团结了思想领域的一切反封建战士。与前辈伏尔泰一样，狄德罗也十分仰慕中国文化，赞佩儒家学说的创始人孔子，他甚至把孔子称为“中国的苏格拉底[①]”。

儒家思想同样影响到了德国。德国古典唯心主义哲学家莱布尼茨[②]是从在华的欧洲传教士写回的报告以及与他们的通信中了解并认识中国的，被认为是“最早全面认识中国文化的西方学者”。在积累了足够资料的基础上，他曾于 1697 年用拉丁文编辑出版了《中国近事》[③]一书，多角度、多层次地向欧洲人介绍了当时的中国；他为该书所写的序言，表明了他对中国文化的独特看法和深刻思考。对于莱布尼茨来说，出版《中国近事》的目的，就是要在西方与中国之间建立起真正意义上的文化交流。他非常崇拜中国儒家哲学的自然神论[④]，在《致德雷蒙先生的信：论中国哲学》中，他这样写道：“这种哲学学说或自然神论是约三千年前建立的，并且极有**权威**，远在希腊人的哲学很久很久以前。”

德国哲学家沃尔夫[⑤]继承了老师莱布尼茨的哲学观点并使之系统化，对于中国文化，他同样给予了极大的关注。他说：“中国人的哲学基础和我个人的哲学基础是完全一致的。”他甚至把孔子的伦理学与基督教伦理学相提并论。1721 年，因在讲演《中国的实践哲学》中“吹捧了北京的哲学家”而遭驱逐，沃尔夫不得不离开他执教了十几年的哈雷大学。在讲演的一开头他就说道：“中国人的智慧自古以来便闻名**遐迩**，中国人治理国家的特殊才智也令人钦佩。”

> 权威　quánwēi
> 让人信从的力量和威望。
>
> 遐迩　xiá'ěr
> 远近。

当时欧洲有影响的思想家特别是启蒙思想家，大多对中国采取肯定和讴歌的态度，但也有例外。如法国哲学家、文学家卢梭[⑥]在他的《论科学和艺术的复兴是否促进了风俗的淳厚》一书中，便对中国传统文化持批评态度，尽管在哲学上，他同样信

① 苏格拉底（Socrates）：前 469—前 399。古希腊著名思想家、哲学家。在欧洲文化史上，他一直被看成是为追求真理而死的圣人。其哲学思想被认为是古希腊哲学的一个分水岭。

② 莱布尼茨（Gottfried Wilhelm von Leibniz）：1646—1716。

③ 《中国近事》：拉丁文原文是 *Novissima Sinica* 。

④ 自然神论：这里的“自然神论”，当是西方哲人以西人哲学观点看待中国古典哲学所下的定义。西人的“自然神论”产生于 17 至 18 世纪，主要是回应牛顿力学对传统神学世界的冲击。

⑤ 沃尔夫（Christian Wolff）：1679—1754。

⑥ 卢梭（Jean-Jacques Rousseau）：1712—1778。法国著名启蒙思想家、哲学家、教育家、文学家，是 18 世纪法国大革命的思想先驱。哲学上，他主张感觉是认识的来源，坚持“自然神论”观点；强调人性本善，信仰高于理性。主要著作有《论人类不平等的起源和基础》《社会契约论》《爱弥儿》《忏悔录》等。

仰“自然神论”。德国哲学家、古典唯心主义哲学最杰出的代表黑格尔[①]认为，孔子是彻底的道德家，不是**思辨**哲学家；《论语》不过汇集了一些处世格言、伦理教条，既没有精神的高度，也缺少情感的深度。黑格尔诚心推重的，是道家学说创始人老子[②]的哲学。在19世纪初所作的《历史哲学讲演录》中，他对中国精神进行了激烈的批判。

> 思辨　sībiàn
> 运用逻辑推理进行纯概念的思考。

三、利玛窦笔下的中国

利玛窦晚年，因感余日无多，便着手把自己在中国传教的经历用意大利文记录下来。到他辞世时，这份记录已告完成，仅留下一些空白待补充。这份记录就是后来为人们所熟悉的《利玛窦**札记**》。

《利玛窦札记》后来被译成拉丁、法、德、西等多种文字，中译本名为《利玛窦中国札记》。该书对于研究明代中西交通史、耶稣会入华传教史乃至明史，都有珍贵的史料价值。它的记述的真实性在于，撰写者本人是一个在中国生活了许多年而且熟悉中国生活的同时代的欧洲人。利玛窦在札记的一开头就说明，他的叙述和其他欧洲著者对中国的叙述的不同之处在于，他是以亲身经历为依据，其他著者则只能依靠道听途说的第二手材料。利玛窦写道：

> 我们在中国已经生活了差不多三十年，并且游历过它的最重要的一些省份，而且我们和这个国家的贵族、高官以及最杰出的学者们友好交往。我们会说这个国家本土的语言，亲身研究过他们的风俗和法律；并且最后而又最为重要的是，我们还专心夜以继日地攻读过他们的文献。这些优点当然是那些从未进入这个陌生世界的人们所缺乏的。

> 札记　zhájì
> 读书时摘记的要点和心得，也有人将其称为“笔记、纪行、手稿、日记、记录、记事”等。
> 吹嘘　chuīxū
> （对优点）进行夸大或无中生有地宣扬。

利玛窦所述和判断并非自我**吹嘘**，而是有根据的。

---

① 黑格尔（Georg Wilhelm Friedrich Hegel）：1770—1831。德国古典唯心主义哲学最杰出的代表。在康德哲学思想的基础上，发扬并创立了庞大的客观唯心主义哲学体系。以“绝对精神”为标准，将哲学分为逻辑阶段、自然阶段和精神阶段三个由浅入深的阶段，认为它是一个肯定——否定——否定之否定的辩证发展过程，这种理论成为其哲学的顶点。

② 老子：即老聃（Dān），姓李名耳，道家学派创始人，春秋时期楚国苦县（今河南鹿邑东）人。曾在国都洛邑（今河南洛阳）任周朝管理藏书的史官。他博学多才，晚年乘青牛西去，在函谷关前写成《道德经》。“道”是老子哲学思想的理论基础，是由人生论、社会论和政治论上升到本体论的高度概括。“德”则是道的展开，以及在人生、社会与政治中具体的指导和应用。

在古代和中世纪[①]，中国与欧洲之间很少有直接往来，所以彼此并没有什么直接的认知。欧洲人虽然大多知道东方有个“丝国”，但完全不清楚它究竟是个什么样子，更不知道它就是中国。成吉思汗[②]的西征扩大了中国和欧洲交往的道路。13 世纪，意大利旅行家马可·波罗来华，归国后写成《马可·波罗游记》，使欧洲人知道了东方有一个鞑靼[③]君王，统治着一个土地辽阔、物产丰富的大国，引起了人们对于东方的向往。然而，随着明王朝的建立和中西交通的隔绝，中国逐渐被欧洲人遗忘，《马可·波罗游记》中描写的那个国家也便成了欧洲人心目中的一个**传奇**。

《利玛窦札记》第一卷试图全面概述当时的中国。有关中国的名称、土地物产、政治制度、科学技术、风俗习惯等等，在第一卷中都有具体而细致的描述。第二卷至第五卷记述的是传教士们，主要是利玛窦本人在中国传教的经历。利玛窦以自己敏锐的感受和一个外国人局外旁观的态度，把他的见闻详尽地记录了下来，使其具有了珍贵的史料价值。

> 传奇　chuánqí
> 这里相当于传说，即辗转相传的说法，多指民间口头流传下来的故事。

《利玛窦札记》证实了契丹与中国的关系。利玛窦明确地认为，以往被人们称为“丝绸之国”的那个国家，就是他所到达的这个中国。马可·波罗所叙及的东方大国 Cathay[④]，欧洲人并不知道它就是中国北部的别名。中国古代北方有一个民族叫“契丹”，为东胡[⑤]的一支，很早就在今辽河上游西拉木伦河一带游牧。唐末，公元 907 年，耶律阿保机统一了各部，建立辽国，国号契丹。北宋宣和七年即 1125 年，辽国被金国所灭，其中的一部分渐与蒙古、女真、汉等民族同化，一部分西迁，建立西辽。直到利玛窦来华，契丹和中国的关系才得到证实。

《利玛窦札记》里写到了茶：“有一种灌木，它的叶子可以煎成被中国人、日本人

① 中世纪：这里的“中世纪”指欧洲历史上的封建社会时期，即从公元 5 世纪西罗马帝国灭亡至 17 世纪英国资产阶级革命前这一时段。

② 成吉思汗：1162—1227。元太祖铁木真在 1206 年统一蒙古后的尊称，意思是“强者之汗”，“汗”是“可汗”（kèhán，古代鲜卑、柔然、回纥、蒙古等族对最高统治者的称呼，意为“王”）的省称。后来蒙古在 1271 年改国号为元，成吉思汗被推尊为建立元朝的始祖。成吉思汗除占领中国黄河以北地区外，还曾向西远征，建立了庞大的帝国。

③ 鞑靼：古时汉族对北方各游牧民族的统称。音 Dádá。

④ Cathay：汉语译为“震旦”或“契丹”。

⑤ 东胡：古族名。因居匈奴（胡）以东而得名。春秋战国时，南临燕国、赵国。后为燕将秦开所破，迁于今老哈河、西拉木伦河流域。燕筑长城以防其侵袭。秦末，东胡强盛，其首领曾向匈奴要求名马、阏氏［yānzhī，汉代匈奴对单于、诸王之妻的统称，特指君主的正妻（相当于皇后）］和土地，后为匈奴冒顿单于击败。退居乌桓山的一支称为“乌桓”，退居鲜卑山的一支称为“鲜卑”。

和他们的邻人叫作茶的著名饮料。……这种饮料是要**品啜**而不要大饮的，并且总是要趁热喝。它的味道不很好，略带**苦涩**，但经常饮用却被认为是有益健康的。”

《利玛窦札记》里介绍了孔子。利玛窦对中国古代文化有直接的认知，是第一个直接掌握中国语文并对中国典籍进行研究的西方学者。他曾把孔夫子和四书五经介绍给欧洲人。[①] 在他的札记中，他对孔子做出了这样的评价：“中国哲学家中最有名的叫作孔子。这位博学的伟大人物诞生于基督纪元前五百五十一年，享年七十余岁。他既以著作和授徒，又以自己的身教来激励他的人民追求道德。”

品啜　pǐnchuò
一边细辨滋味一边喝。

苦涩　kǔsè
味道又苦又涩（跟“甜美”相对）。涩：味道不甘滑，就像生柿子那样使舌头感到麻木难受的味道。

《利玛窦札记》里介绍了中国人的孝道与师道。利玛窦认为，中国人孝敬长辈和尊敬师友的优点非常突出。他写道：“如果看一看孝道的表现，那么下述的情况一定可以证明世界上没有别的民族可以和中国人相比。孩子们在长辈面前必须侧坐，椅子要靠后；学生在老师面前也是如此。孩子们总是被教导说话要恭敬。即使非常穷的人也要努力工作来供养父母至其终老。”“中国人比我们更尊敬老师，一个人受教哪怕只有一天，他也会终生都称老师的。”

在赞扬中国的同时，利玛窦也在他的札记中对他所接触到的中国社会的**弊端**，用一定的篇幅加以批评，并且提出了自己的看法。中国自古以来就是一个君主专制的封建国家，皇帝和朝廷对人民的统治具有绝对的神圣性。这些封建帝王因为拥有绝对权威而**妄自尊大**，以一种愚昧的**优越感**把自己统治的国家视为天朝上邦。

利玛窦的批评，应该说是相当尖锐和深刻的。有学者指出：然而历史的悲剧却在于，当世界历史已经进入近代之后，中国人的这种封建性的思想意识仍然**顽固**地存在着。直到清朝末年，在顽固派的头脑里，中国还是必须要占据地球的中心，以致戊戌变法维新时期的**开明**人士还不得不

弊端　bìduān
由于制度不合理或工作上有漏洞而发生的损害公益的事情。

妄自尊大　wàngzì-zūndà
成语。毫无根据地自以为很了不起。

优越感　yōuyuègǎn
自以为比别人优越的感觉。优越：优胜；较一般更好。

顽固 wángù
思想保守，不愿接受新思想、新事物。也指某种状态不易去除或改变。

开明　kāimíng
指人的思想开通，不顽固保守。

① 对这个问题，有学者指出，在利玛窦之前，虽已有人将儒家经典译成西文，但并未引起多大注意，因此也便没有产生更大影响。

煞费苦心地进行这样的启蒙工作：“若把地球详来**参**，中国并不在中央。”

对于利玛窦生平活动的成就及其历史意义，研究者们多做出了较为客观而公允的评价。有学者指出：（1）作为中西思想文化接触的第一个媒介者，利玛窦在多个方面奠定了中西文化交流的基础并促进了其发展，产生的历史影响是深远的，可以说一直持续到近代。（2）利玛窦在中国的传教活动并没有取得成功，最后可以说是失败的。“利玛窦们”不但没能用另一种思想体系——中世纪天主教神学的思想体系改变或取代中国传统的思想体系，即实现所谓“合儒”“补儒”，甚至于“超儒”，而且就其对中国人思想的**激荡**与影响的规模和持久性而言，也远不能望魏晋以来佛教思想影响的**项背**。随着耶稣会士被逐出中国国门，其思想也便**销声匿迹**了。以致当 19 世纪中叶，基督教新教传教士再次东来时，一切似乎都不得不重新开始。

煞费苦心　shàfèi-kǔxīn
成语。形容费尽心思。

参　cān
比较；检验；探究。

激荡　jīdàng
受冲击而动荡。

项背　xiàngbèi
人的后背；背影。最常见的格式是“不能望其项背”，意思是：赶不上他；不能企及他所达到的境界。

销声匿迹　xiāoshēng-nìjì
成语。形容隐藏起来或不公开露面。

契合　qìhé
符合。

四、中国文化外传的其他方面

1702 年至 1776 年间，法国陆续出版了一部多达 34 卷的巨著——《耶稣会某些传教士写自外国传教区的感化人的珍贵书简》，收录了散布于世界各地的耶稣会士寄往欧洲的大量信件。在随后的半个多世纪的时间里，法国又先后出版了这部书简集的 4 种新版本，其中最受欢迎、最为常见的是 1819 年由里昂两家出版社联合出版的 14 卷本。在这个版本中，耶稣会士寄自中国的书简约占 6 卷，即第 9 至第 14 卷，绝大部分出自法国耶稣会士之手，因此可被视为在华法国耶稣会传教区的产物。

书简集收录的书简、书简摘要约 140 件，此外还有“综述”“回忆录”等约 20 个篇目，甚至还收录了利玛窦所著的《天主实义》以及耶稣会士宋君荣关于中国古代天文史的专著。书简大致是以时间为序编排的，其中第一封信写于 1699 年 2 月 17 日，最后一批书简成文于教皇解散耶稣会的诏令传到北京的前后，写作时间大致与法国传教区在北京的存在时间相**契合**。

这些书简主要包括两方面的内容：（1）耶稣会士在华传教的种种情况；（2）对于中国社会生活的全面介绍。

贪赃枉法 tānzāng-wǎngfǎ
成语。官员贪污受贿，利用职权歪曲和破坏法律。
无着 wúzhuó
没有着落。

耶稣会士笔下的中国形象是立体的和多侧面的。尽管对中国帝王的描述颇具玫瑰色彩，但书简中也有对**贪赃枉法**的中国官吏以及衣食**无着**的穷苦百姓的描写。中国的政治管理体制、教育[①]、司法、科技、史地、民风民俗、物产工艺，乃至飞禽走兽、鱼虫百草等等，都是传教士们关注的对象。

另外，书简中还记录了传教士们与中国皇帝、皇族以及朝廷大员间的频繁接触，其中许多场景为中国史书所未载。因此，这些书简可以看成是对康熙、雍正、乾隆三位皇帝在位期间中国社会诸多方面的具有重要价值的笔录，是耶稣会士这个特殊群体眼里的中国影像。

不管经耶稣会士们西传的有关中国的信息与实际之间有多大的差异，这些信息对当时的法国产生了影响却是不争的事实。18 世纪 50 至 70 年代，法国出现了一个资产阶级古典政治经济学派——重农学派，即“重农主义学派”。“重农主义”一词出自希腊文，该学派的主旨就是以“自然法则”和“自然秩序”替代上帝的神示。当时，法国还是一个农业占优势的国家，但因实行牺牲农业发展工商业的重商主义政策，农业生产遭到了严重破坏。在这种情况下，出现了反对重商主义、主张经济自由和重视农业的经济学说。该学派认为，自然界和人类社会存在的客观规律是“自然秩序”，只有适应自然秩序，社会才能健康发展。重农主义理论的核心是“纯产品”学说，其倡导者们认为：财富是物质产品，财富的来源不是流通而是生产；只有农业才能创造“纯产品”，只有农业才是一个国家财富的来源和一切社会收入的基础。有研究者指出，“重农学派”的主张源自中国古代的经济思想。

“重农学派”的创始人和重要代表魁奈[②]，因在 1769 年前后出版《中华帝国的专制制度》一书而被当时的人们称为“欧洲的孔子”。他断言：“中国的政治是合法的专制政治，中国的皇帝是合法的专制君主。因为中国文化制度一切以自然力为依据，就是皇帝也须守此大法，受天理支配。”在其所著的《自然法则》一书中，魁奈

① 这里的“教育”，主要指“科举制”，即中国封建时代通过分科考试来选拔文武官吏的制度。始于隋朝，唐朝分秀才、明经、进士等科，宋以后考试专用儒家经义，明、清两代文科只考八股文，武科考骑射、举重等武艺。1905 年废止。

② 魁奈（François Quesnay）：1694—1774。“重农学派”的创始人和领袖，资产阶级古典政治经济学的奠基人。

把中国奉为按自然法则建立国家的圭臬，他说："自然法则是人类立法的基础和人类行为的最高准则。……所有的国家都忽视了这一点，只有中国是例外。"他提倡以农为本，非常赞赏中国的重农主义和历代君主重视农业的政策。据记载，在他的鼓动下，法国国王路易十五[①]、路易十六[②]都曾模仿中国皇帝的"籍田[③]大礼"而举行过农耕仪式。

18 世纪前后，正是欧洲呼唤理性、倡导改革的时代。恰在这时，在华传教士除将一些哲学经典如《论语》《大学》[④]《中庸》[⑤]《易经》《老子》等郑重地译介到西方外，还翻译了一些中国文学作品，从而为欧洲思想家、政治家和文学家提供了新的精神食粮。

1731 年，在中国生活了 38 年的法国传教士马若瑟[⑥]率先将元曲《赵氏孤儿》译成了法文，并于 1735 年在巴黎出版。文豪伏尔泰根据马若瑟的译本将其改编创作为戏剧《中国孤儿》[⑦]，该剧于 1755 年 8 月 20 日在巴黎上演，轰动了法国剧坛。元曲《赵氏孤儿》讲述的是中国春秋时期晋国**权臣**屠岸贾[⑧]与大臣赵盾不和，致使赵氏全家惨遭杀害，**门客**程婴与公孙杵臼[⑨]定计将赵氏孤儿赵武救出。为骗过屠岸贾，公孙杵臼不惜献身，程婴**忍辱负重**将孤儿养大成人，终于完成了报仇的**夙愿**。研究者认为，伏尔泰之所以选择这

> 权臣 quánchén
> 掌握大权且专横的大臣。
>
> 门客 ménkè
> 古代官僚贵族家里养的外来寄食者，他们有才能或技艺，需要时能为主人效劳出力。
>
> 忍辱负重 rěnrǔ-fùzhòng
> 成语。为完成某种使命而甘愿忍受屈辱，背负重任。
>
> 夙愿 sùyuàn
> 一向怀有的志愿。也作"宿愿"。

① 路易十五（Louis XV）：1710—1774。法国国王，太阳王路易十四曾孙。1715—1774 年在位。

② 路易十六（Louis XVI）：1754—1793。路易十五之孙，法兰西波旁王朝复辟前的最后一位国王，1774—1792 年在位。法国大革命中被处死。

③ 籍田：亦作"藉田"，指中国古代天子、诸侯征用民力耕种的田。中国古代，每逢春耕前，天子、诸侯都要举行"籍礼"，以表示对农业的重视。

④ 《大学》：儒家经典之一。原为《礼记》中的一篇，宋代独立成书。

⑤ 《中庸》：儒家经典之一。原为《礼记》中的一篇。宋代独立成书。

⑥ 马若瑟（Joseph de Prémare）：1666—1736。1698 年来华传教，主要活动于江西教区。1733 年迁居澳门，1736 年逝世于澳门。其最重要的著作是《汉语札记》。

⑦ 《中国孤儿》：伏尔泰依据马若瑟译本改编创作，与原著不同的地方有两个，一是故事发生的历史背景，二是复仇情节的取消。据认为这是伏尔泰用他理解的孔子学说修正了原剧本的道德指向。

⑧ 屠岸贾：复姓屠岸，名贾（Gǔ）。元代作家纪君祥创作的杂剧《赵氏孤儿》中的一个反面角色。在中国戏剧和民间传说中，他一直是一个大奸臣形象。

⑨ 公孙杵臼：复姓公孙，名杵臼（Chǔjiù）。

一题材进行改编创作出于以下原因：首先是《赵氏孤儿》撼人**心魄**的**悲剧**美与伏尔泰自己的**审美**观相契合；其次是在伏尔泰看来，《赵氏孤儿》集中体现了中国道德和儒家文化的**精髓**，故事中人物不畏**权贵**和**取义成仁**的品格正是当时的法国社会所需要的。

中国小说《好逑传》[①]先由居住在广东的英国商人魏金森译成英文，于1761年在英国印行[②]，后又有多种外文译本出版。《好逑传》又名《侠义风月传》，成书于明清之际。全书共18回，描写的是青年铁中玉和美女水冰心的恋爱、婚姻故事。小说结构紧凑，语言生动，人物性格鲜明，被认为是明清之际同类小说中的佳作。据称，《好逑传》曾对德国文学巨匠歌德[③]与席勒产生了影响。

中国花草和嫁接技术的引入，使18世纪欧洲的园圃面貌大为改观。英国建筑师威廉·查布斯[④]曾多次到中国考察，著有《中国建筑、家具、衣饰、器物图案》和《东方园林记》等书，一时间风行欧洲。1750年，他为肯特公爵设计建造了一座中国式庭园，园中有湖，湖上有亭，垒石为假山，湖畔建有十层四角高塔，塔旁建孔庙，庙里绘图，介绍孔子事迹。1773年，德国建筑师温策尔出版《中国园林论》，称赞中国造园艺术布局多变：小桥、流水、曲径、假山，无一不呈曲线，生动而优美。

> 心魄　xīnpò
> 心灵。即指内心、精神、思想等。
>
> 悲剧　bēijù
> 戏剧的主要类别之一，以表现主人公与现实之间不可调和的冲突及其悲惨结局为基本特点。
>
> 审美　shěnměi
> 体味品评人、事物或艺术品的美。
>
> 精髓　jīngsuǐ
> 比喻精华。即事物最好、最纯粹的部分。
>
> 权贵　quánguì
> 位高权重的贵族、官僚。
>
> 取义成仁　qǔyì-chéngrén
> 成语。亦作"成仁取义""杀身成仁"，意思是指为了崇高理想和正义事业献出生命。

晚清时期，鸦片战争既已将中国与世隔绝的状态打破，中西文化的接触、碰撞与交流便不可避免。在西学东渐不断扩大与加强的过程中，中国文化的西传也在继续。中国文化的传播者主要是基督教传教士、来华的西方外交官和军官，当然也有中国人

① 《好逑传》：被认为是一部较好的才子佳人小说。逑，配偶，音 qiú。

② 关于此书，也有记载说此前已出版有葡萄牙文译本。

③ 歌德（Johann Wolfgang von Goethe）：1749—1832。德国最伟大的剧作家、诗人、思想家，德国"狂飙突进运动"主将。主要作品有小说《少年维特之烦恼》、诗剧《浮士德》等。

④ 威廉·查布斯（William Chambers）：18世纪英国著名建筑师。

自己。

报刊是文化传播最有力的工具。从19世纪上半叶到20世纪中叶，外国人在华创办了四五百种中外文报刊。中文报刊以中国读者为对象，除宣传基督教教义外，也介绍西方各国的历史、地理、政治、文化、习俗以及自然科学知识；外文报刊则以来华商人、传教士和外交官为对象，介绍中国的历史、地理、社会变化、经济物产以及政治动向、军事部署等等。其中最有影响的是美国人裨治文[①]在广州创办的英文报刊《中国丛报》[②]。《中国丛报》创刊于1832年5月，直至1851年停刊，共出刊20卷。该刊特别注重报道有关中国的时事和对外关系，记载了鸦片战争前后20多年间中国社会的各个方面，记录了鸦片贸易和鸦片战争的全过程，译载了许多如清帝**上谕**、大臣**奏折**等重要文件，并提出了各种侵略主张，对当时欧美各国政府制定对华政策产生过相当大的影响。《中国丛报》还为研究中国近代史开端和早期中外关系史提供了第一手资料。

参与过《中国丛报》编辑、出版和印刷工作的美国传教士兼外交官卫三畏[③]，在华生活达40余年，回国后曾任美国耶鲁大学教授。他所撰写的《中国总论》《中国历史》《中国地理》《我们同中华帝国的关系》等书，成为外国人研究中国必不可少的参考书籍。

19世纪末至20世纪初，外国人在华创办的教会大学相继成立，其中就有著名的圣约翰大学[④]、岭南大学[⑤]和燕京大学[⑥]。类似的教会学校都有双重**宗旨**：既向中国人介绍西方文化，同时也向西方人介绍中国文化。教会大学大部分在国外**注册**，

上谕　shàngyù
皇帝对臣子下的命令、指示。

奏折　zòuzhé
写有奏章（臣子向帝王呈递的意见书）的折子。

宗旨　zōngzhǐ
根本目的；基本意图；主导思想。

注册　zhùcè
向有关部门或学校登记备案以取得合法地位。

① 裨治文（Elijah Coleman Bridgman）：1801—1861。美国基督教新教第一个来华的传教士。1830年到广州，曾创办并主编《中国丛报》。“裨”音Bì。

② 《中国丛报》：旧译《澳门月报》或《中国文库》。每月一期，一年一卷。

③ 卫三畏（Samuel Wells Williams）：1812—1884。亦译名卫廉士。1833年来华传教。

④ 圣约翰大学：1879年创立于上海，初名“圣约翰书院”，1905年升格为大学。1952年停办，其院系分别并入上海的多所大学。曾是在华办学时间最长的一所教会学校，其间培养出了不少声名显赫的政界和文化界名人。

⑤ 岭南大学：1888年创办于广州，现为香港岭南大学，为香港八大公立大学之一。

⑥ 燕京大学：由美国及英国基督教会联合在北京创办的私立大学之一，创办于1919年，由美国人司徒雷登任校长。中华人民共和国成立后，1951年人民政府接管燕京大学。1952年院校调整时，其文科、理科多并入北京大学，工科并入清华大学。校舍由北京大学接收。

其学位国外予以承认，学生可以直接升入与外国挂钩的大学，这样就又增加了中外文化沟通的一条渠道。

第三节　孔子简介及《论语》名句赏析

学习汉语和中国文化，总是要接触孔子的。汉语水平越高，中国文化知识越丰富，对孔子的了解和认识就理应更多、更深，这是因为：作为中国文化的象征符号，千百年来，孔子一直是中国人崇高理想、神圣价值、进取精神、悠久文化的源头。历史学家柳诒徵[①]曾经这样评价孔子及其与中国文化的关系："孔子者，中国文化之中心也，无孔子则无中国文化。"有当代学者进一步发挥柳诒徵的论断，认为"无孔子则无中国"：中国如果遗失了孔子，就等于失去了文化源头，变成了徒具疆域和种族意义而不具有精神和价值意义的国家。如此具有警示意义的认识，很值得人们认真思索。

作为儒家的主要代表，孔子既与中国文化密切相关，也与本章所涉及的部分内容密切相关，因此有必要在这里对孔子的生平、事迹、思想进行简要介绍，然后再述引出自《论语》的一些名句并加译释，以帮助学习者加深对孔子的认识与理解。

一、关于孔子

孔子生于公元前551年，是中国春秋末期思想家、政治家、教育家，儒家学说创始人。孔子名丘，字仲尼。鲁国陬邑[②]人。孔子的祖先是殷商贵族，后自宋迁鲁，到孔子出生时，家道已经衰落，故其幼年"贫且贱"。成人后曾做过管仓库和畜牧的小官。约30岁时开始聚徒讲学，并从事政治活动。52岁时升任鲁国**司寇**，后曾代理鲁国**宰相**，不久去职。与弟子周游宋、卫、陈、蔡、齐、楚等国，

> 司寇　sīkòu
> 官名。鲁国最高的司法长官，与司徒、司马、司空三卿并列。
>
> 宰相　zǎixiàng
> 中国封建时代辅佐君主总揽政务的最高级官员。

① 柳诒徵：1879—1956。江苏镇江人。中国近现代史学先驱、中国文化学奠基人，被尊为现代儒学宗师。主要著作有《中国文化史》《国史要义》等。

② 陬邑：地名，在今山东曲阜东南。音 Zōuyì。

不遗余力地推行、传布自己的学说，希望寻找从政机会，进而实现其**王道**的社会理想，但终未见用。晚年归鲁，致力于教育，并从事古籍的传述与整理工作。所整理的古代文化典籍有《尚书》《诗经》等，并把鲁国史官所记《春秋》加以删修，使其成为中国第一部编年体史书。相传有弟子三千，其中著名的有 70 余人。

不遗余力　bùyí-yúlì
成语。用出全部力量，一点儿也不保留。

王道　wángdào
中国古代政治哲学中指君主以仁义治天下的政策。

孔子曾这样总结自己学习和修养的过程："吾十有五而志于学，三十而立，四十而不惑，五十而知天命，六十而耳顺，七十而从心所欲，不逾矩。"若用现代汉语来表述，这个过程就是："十五岁立下志向学习上进；三十岁时已打下学业、思想和事业的坚实基础；四十岁时已能明辨一切是非，不再迷惘困惑；五十岁已掌握了天地万物发展变化的客观规律；六十岁听到什么都不再吃惊，也不会受任何环境左右；七十岁能随心所欲地说话做事，绝不会逾越规矩——就是说，自己的道德修养已经达到了最高境界。"

孔子哲学的基本观念是"仁"。他认为"仁"的具体含义是"爱人"。凡是人都有"仁性"，天生就有**恻隐**之心，能对别人的痛苦与欢乐产生共鸣。"仁"是一种宽容忠恕的精神。孔子说"己欲立而立人，己欲达而达人"①，并认为这就是"忠"道；他还说"己所不欲，勿施于人"，并将其名之为"恕"道：合称"忠恕之道"。有学者认为，"忠恕之道"是孔子伦理学中的重要思想，它所体现的正是一种人格平等的精神。

在教育思想上，孔子提出"**有教无类**""**因材施教**"等主张，强调"学"与"思"结合，提出"学而不思则罔，思而不学则殆"②和"温故而知新"③等论断；提倡"学而不厌，诲人不倦"④的精神。因此有研究者称：孔子最大的抱负虽在政治，但他最大的成就却在教育。

恻隐　cèyǐn
对受苦难的人表示同情。

有教无类　yǒujiào-wúlèi
成语。不论贤愚贵贱，都一视同仁地施以教育。

因材施教　yīncái-shījiào
成语。针对学生的能力、性格、志趣等情况实施不同的教育。

---

① 己欲立而立人，己欲达而达人：自己要站得住，同时也使别人站得住；自己要事事行得通，同时也要使别人事事行得通。

② 学而不思则罔，思而不学则殆：学习，可是不思考，就会感到迷惘；思考，但不学习，就会变得懈怠。罔（wǎng）：迷惘无所得；殆（dài）：通"怠"，懈怠义。

③ 温故而知新：在温习旧的知识时，能有新的收获。

④ 学而不厌，诲人不倦：努力学习而不满足，教诲别人而不厌倦。

在世界观上，孔子相信天命，说“死生有命，富贵在天”。但他对于鬼神是否存在，却持怀疑态度。他的学生子路向他问鬼神，他说：“未能事人，焉能事鬼？”① 子路又向他问死，他说：“未知生，焉知死。”② 他又说：“敬鬼神而远之，可谓知矣。”③ 从这些话里，可见他是肯定人生、注重现实生活的。他认为迷信鬼神，就是不智，就是愚。

政治上，孔子反对**苛政**，提倡德治教化。主张“正名”。认为“君君、臣臣、父父、子子”④ 都应名实相**副**。

> 苛政　kēzhèng
> 指残酷压迫、剥削人民的政治。
>
> 副　fù
> 符合；相称（chèng）。

鲁哀公十六年即公元前479年，孔子逝世，享年73岁。

二、《论语》名句赏析

孔子在世时就被誉为“**天纵之圣**”“天之**木铎**”，是当时社会上最博学的学者之一。孔子死后，从汉代起，又渐次被历代统治者尊为“孔圣人”“至圣”“至圣先师”“万世师表”。

孔子的言论主要收录在《论语》一书中。《论语》是儒家最重要的经典，是孔子弟子所记述的孔子语录，从汉代开始流传于世。今天的流行本是经东汉末年学者郑玄整理并注释而成的。全书共20篇，每篇分若干章，章的长短不一，前后两章之间也不一定有什么关联。《论语》是研究孔子学术思想的可靠资料。

> 天纵之圣　tiānzòngzhīshèng
> 上天生就的圣人。天纵：上天所使。
>
> 木铎　mùduó
> 本义是用木做铃舌的大铃。也指宣扬某种政教、学说的人。“木铎”被认为有辅助宣传教化的功能。语出《论语·八佾》：“天下之无道也久矣，天降以夫子为木铎。”

① 未能事人，焉能事鬼：人还不能服侍，怎么能去服侍鬼神呢？

② 未知生，焉知死：对生都知道得不清楚，哪里能知道死呢？

③ 敬鬼神而远之，可谓知矣：尊敬鬼神，但要疏远它们，这样可以称得上是聪明了。

④ 君君、臣臣、父父、子子：国君要像国君，臣子要像臣子，父亲要像父亲，儿子要像儿子。汉代大儒董仲舒对孔子这句话的解释是：“父不父则子不子，君不君则臣不臣耳。”梁启超的看法是：“孔子说的‘君君臣臣，父父子子’，是从‘仁者人也’演绎出来。既做人便要尽人道，在人里头做了君，便要尽君道，做了臣便要尽臣道。”

以下是出自《论语》的名句，摘录至此，并附今译：

子曰："学而时习之，不亦说乎？有朋自远方来，不亦乐乎？人不知而不愠，不亦君子乎？"(《学而》)

【孔子说："按照一定的时间去温习所学的东西，不也很高兴吗？有朋友从远方来访，不也很快乐吗？别人不了解自己，自己却不怨恨生气，不也是一位有道德有修养的人吗？"】

子曰："由[①]！诲女，知之乎？知之为知之，不知为不知，是知也。"（《为政》）

说 yuè
通"悦"，"高兴、愉快"的意思。

愠 yùn
恼怒；怨恨。

诲 huì
教导；教育。

女 rǔ
通"汝"，意思是"你"。

知 zhì
智慧。后作"智"。

【孔子说："仲由啊，我教给你的，你明白了吗？知道就是知道，不知道就是不知道，这才是真正的'智慧'啊。"】

子曰："三人行，必有我师焉。择其善者而从之，其不善者而改之。"（《述而》）

【孔子说："三个人同行，其中必定有可以当我老师的人。我选取他的优点来学习，如发现他的缺点则引以为戒而加以改正。"】

子在川上曰："逝者如斯夫！不舍昼夜。"（《子罕》）

【孔子站在河边（的高处）说："时光就像这河水一样流逝，日夜不停啊。"】

子曰："克己复礼为仁。一日克己复礼，天下归仁焉。"（《颜渊》）

【孔子说："抑制自己，使言语和行动都回到礼上去，就是仁。一旦做到了这些，天下的人就会称许你有仁德。"】

子曰："君子成人之美，不成人之恶。小人反是。"（《颜渊》）

【孔子说："君子成全别人的好事，而不促成别人的坏事。小人则与此相反。"】

子曰："志士仁人，无求生以害仁，有杀身以成仁。"（《卫灵公》）

---

① 由：姓仲，名由，字子路。孔子的学生。

【孔子说："志士仁人，不会为了求生损害仁，却能牺牲生命去成就仁。"】

子曰："人无远虑，必有近忧。"（《卫灵公》）

【孔子说："人如果没有长远的考虑，一定会有眼前的忧愁。"】

子曰："吾尝终日不食，终夜不寝，以思，无益，不如学也。"（《卫灵公》）

【孔子说："我曾经整天不吃饭，整夜不睡觉，去思索，然而没有益处，还不如去学习。"】

孔子曰："生而知之者，上也；学而知之者，次也；困而学之，又其次也；困而不学，民斯为下矣。"（《季氏》）

【孔子说："生来就知道的，是上等；经过学习后才知道的，是次等；遇到困惑疑难才去学习的，是又次一等了；遇到困惑疑难仍不去学习的，这种人就是下等的了。"】

子曰："不知命，无以为君子也。不知礼，无以立也。不知言，无以知人也。"（《尧曰》）

【孔子说："不懂得天命，就没有可能成为君子；不懂得礼，就没有办法立身处事；不知道分辨别人的言语，便不能了解别人。"】

思考题：

1. 中国古代物质文明的外传主要表现在哪几个方面？请简要地加以介绍。
2. 中国佛教东传朝鲜半岛、日本及南传越南，其实际影响怎样？请结合下册中的相关内容加以梳理。
3. 请分别介绍一下儒家学说对朝鲜半岛、日本和越南产生的影响。
4. 儒家学说给了欧洲启蒙思想家哪些启示？请举实例加以说明。
5.《利玛窦札记》是如何记录、介绍中国的？其对当时中国社会的弊端又进行了怎样的批评？
6. 如何评价《利玛窦札记》的历史意义以及现实意义？
7. 中国文化对于欧洲的影响还表现在其他哪些方面？请举例加以介绍。

填空练习：

1.____（1）____、____（2）____、____（3）____、____（4）____，是中国古代科技的“四大发明”。这些科技成果的出现及外传，特别是造纸术的发明与外传，对中国和世界文化的发展起了不可估量的作用。

2. 茶原产于中国，在作为日常饮料之前，茶还有一个主要供药用的阶段。唐代，有一位名叫____（1）____的人，几十年如一日地对茶进行研究，终于写出了一部名为《____（2）____》的书。这部著作的问世在中国茶学史上具有划时代意义，人们因此便尊这位著书者为____（3）____。茶在唐时传入朝鲜半岛，宋时传入日本。

3. 瓷器被人们誉为中国的“____（1）____”。瓷器的外销以及制瓷技术的外传，给世界各国人民的生活带来了巨大影响。明代，中国的制瓷技术达到了顶峰。那时，欧洲人见到瓷器就想到____（2）____，提到中国就想到____（3）____。英国人称中国为____（4）____，其原意就是瓷器。

4. 利玛窦晚年，因感余日无多，便着手把自己在中国传教的经历记录下来。到他辞世时，这份记录已告完成，这就是后来为人们所熟悉的《____（1）____》。这份记录的真实性在于，撰写者是一个在中国生活了多年而且熟悉中国生活的欧洲人。它对于研究____（2）____、____（3）____乃至____（4）____，都有珍贵的史料价值。

5. 传教士们深入中国内地，游历四方，对中国社会和中国文化有了较为真切的了解和认识。他们依据自己的见闻和经历写出了大量的札记、日记、书信和报告。德国哲学家莱布尼茨依据自己积累的资料，于1697年用____（1）____编辑出版了《____（2）____》一书，____（3）____、____（4）____地介绍了当时中国的情况。

6. 除了在中国传教，耶稣会士们也研究中国的历史文化，并把大量的儒家经典译成了西文。文学方面，法国传教士马若瑟将元曲《____（1）____》译成法文在巴黎出版。法国文学家____（2）____据此创作了一个剧本，该剧于____（3）____年在巴黎上演。中国小说《____（4）____》也被译成西文，并曾对德国文学巨匠歌德与席勒产生了影响。

第六章　文化在彼此的交流与交融中发展

内容导读：

这是上册的最后一章，可以看成是对前面五章的一个总结和补充，亦可视之为“史论”。在前面各章的基础上，试图论述：（一）中外文化交流的主力军是汉学家和留学生；（二）无论是东方文化还是西方文化，都是在彼此的接触、碰撞、交流和交融中发展起来的。这一章结合议论，介绍了在中外文化交流中扮演了重要角色的一些风云人物，同时也介绍了周一良教授所论及的文化交流的几个重要途径。作为中国人自己编写的教材，本章在议论过程中，比较而言，对异域文化给予中国文化的影响的描述自然要多一些，也细致一些。

授课建议：

认真地讲授好这一章，对学生似乎更重要、更有意义。要让学生明白，文化交流绝不只是课本里的空谈，也绝不只是历史上的那些非凡人物的非凡作为，更不是可望而不可即的梦幻泡影；学生们自己，就是中外文化交流主力军中的一员，都可以为中外文化交流做出自己的贡献。在授课过程中，可从这样的角度与学生展开讨论，以让其有所启示，确立方向，树立信心。

授课时长： 12 ～ 14 学时。

第一节　汉学家和留学生——中外文化交流的主力军

在中外文化交流史上，一代代的汉学家和那些为了中国富强而到异域求学的莘莘学子，同样扮演了十分重要的角色。

“汉学”又称“中国学”，专指外国人研究中国的学问，涉及历史、地理、宗教、哲学、语言、文字、文学、艺术、政治制度、社会风习以及自然科学等广阔领域。研究中国学问且有一定成就的人被称为“汉学家”。鸦片战争前后，在西方汉学研究史上是一个**承前启后**的重要时期。现实政治和商业利益的需要，促使西方各国的大学普遍开设了中文课程，研究中国又一次形成热潮。

1823 年，英国成立了皇家亚细亚学会。25 年后的 1858 年，皇家亚细亚学会华北分会在上海成立并出版会报。1876 年在牛津[①]大学，1877 年在伦敦大学，1888 年在剑桥[②]大学相继开设了汉学讲座。法国的亚细亚学会成立于 1818 年，1825 年创办《亚细亚学报》。此前，皇家科学院即今法兰西学院便已设置汉学教授**教席**。19 世纪 40 年代，巴黎东方语言学院也开设了中国语言历史讲座。1842 年，美国东方学会成立，并于 1851 年发行《美国东方学会杂志》。在 1884 年耶鲁大学开设汉学讲座之后，1896 年加利福尼亚大学也开设了汉学讲座。在这股热潮中，一批汉学家应运而生。19 世纪、20 世纪之交，中国考古的一些重大发现[③]又引来了一批批域外冒险家和学者，从而极大地推动了欧洲东方学界的中国研究。

> 莘莘　shēnshēn
> 形容众多。
>
> 承前启后　chéngqián-qǐhòu
> 成语。亦作“承先启后”，意思是继承前代的，启发后代的。
>
> 教席　jiàoxí
> 指教师的职位。

实际上，许多汉学家原本就是传教士、外交官或商人。他们在中国生活多年，对中国的历史文化有了较为全面的了解和较为深切的理解，回国后继续潜心于汉学研

① 牛津（Oxford）：英国东南部城市，国际著名大学城。牛津大学于 12 世纪中叶在此建立。

② 剑桥（Cambridge）：英国东南部城市，国际著名大学城。剑桥大学建于 1209 年，是英国最古老的高等学府之一。

③ 当时中国考古的重大发现主要有：（一）出土于河南安阳小屯村的殷墟甲骨文。殷墟是商代后期都城遗址，该地商时称“殷”，自第二十七代王盘庚迁都于此，直到末代王帝辛（纣）灭亡，故商代又称“殷”。殷灭亡后，都城渐成废墟，后人称之为“殷墟”。1899 年，人们在此地发现了占卜用的甲骨刻辞。1928 年开始大规模发掘，至今已获得甲骨 15 万余片。这些刻在龟甲和兽骨上的文字是目前发现的最早的成系统的汉字。（二）敦煌藏经洞。1900 年在敦煌莫高窟某洞窟中被发现，内藏公元 4 至 11 世纪的佛教经卷、社会文书、刺绣、绢画、法器等文物 4 万余件。

究，并最终成为著名学者。其中最有名的是英国牛津大学的理雅各教授和剑桥大学的威妥玛教授。

理雅各[①]出生于苏格兰，早年在希伯利神学院学习神学，其间开始学习汉语。1840年，他偕妻子抵达南洋马六甲，担任伦敦传教会在那里开设的英华书院校长。1842年《南京条约》签订后，理雅各于1843年将英华书院迁到了香港，使其成为专门招收当地中国青少年的一所早期教会学校。理雅各广泛**涉猎**中国的语言、文字、历史、哲学，尤其热衷于钻研儒家学说。他认为，“儒家思想与基督教不是敌对的”，了解和利用儒家经典可以更有效地在中国传播西方的上帝。

> 涉猎 shèliè
> 接触；涉及

1861年，理雅各翻译的《论语》英文版正式出版。此后的20年间，在中国早期改良主义者王韬[②]的协助下，他把中国儒家和道家几乎所有的经典都译成了英文，并在最后把这些著作集为一部，采用英汉对照形式且详加注释，取名《中国经典》。《中国经典》是理雅各最主要的学术成就，至今，这部巨著仍被西方学术界视为中国经典著作的标准译本。

当理雅各于1873年离开香港返回英国时，他已经是享誉整个欧洲的著名汉学家了。在他的努力下，1876年10月27日，英国的第一个汉学讲座——牛津大学汉学讲座在伦敦谢尔登大剧场举行了开学典礼。年过六旬的理雅各被聘为第一任汉学教授。在这个位置上，他一直工作到1897年离别人世。这期间，他始终没有中断汉学研究，先后发表过多篇有价值的论文，并且培养了许多汉学家。

威妥玛[③]本是英国外交官，早年曾在剑桥大学读书，19世纪30年代末从军。1841年，他参加了英国入侵中国的鸦片战争；1843年任香港英国殖民当局翻译官；1852年任英国驻上海领事馆副领事；1858年任英国驻华全权专使额尔金的翻译，参与了**胁迫**清政府签订中英《天津条约》和《北京条约》的活动；1861年任英国驻华使馆参赞，其间，在英国公使阿礼国授意下，曾于1866年向中国总理衙门呈递《新议略论》；1871年任英

> 胁迫 xiépò
> 威胁强迫。

① 理雅各（James Legge）：1815—1897。

② 王韬：1828—1897。清代政论家。有《弢园文录外编》《蘅华馆诗录》《弢园尺牍》等著作传世。

③ 威妥玛（Thomas Francis Wade）：1818—1895。又译作“伟德”。

国驻华公使；1883 年退职回国；1888 年被聘为英国剑桥大学首任汉学教授。在华期间，威妥玛编写了一部汉语课本——《语言自迩集》①，也编写过英汉字典，同时还设计过一种汉字拼音方式，即用拉丁字母拼写汉字，被称为“威妥玛式拼音”。威妥玛将自己的这种拼音方法首先用于自编的《语言自迩集》里，作为英国使馆人员学习汉语的注音工具，后来用途扩大，成为邮政、电报、海关、金融和国际贸易中音译中国人名、地名、事物名称的通用标准。《语言自迩集》对北京话语音、词汇和语法诸方面所做的记录与分析精确可信，丰富多彩，备受中外语言学家称赞。有学者认为，这绝不仅仅是一部汉语课本，而且是一份宝贵的文献，对于中国语言学史、北京话史、普通话史、近现代汉语史以及汉语教学史研究具有划时代意义。而威妥玛式拼音，也正是借助这部课本推出并风行于全世界的。由是，中译本译者在“译序”中称赞威妥玛是“一位伟大的语言学家”。

德国大学汉学专业的设置要比英国、法国晚一些。1912 年，德国第一个汉学讲座在柏林大学诞生。接着，1918 年正式成立的汉堡②大学也设置了中国语言文化研究所。第二次世界大战前，先后开设了汉学专业的学校还有莱比锡③大学、法兰克福④大学、哥廷根⑤大学和波恩⑥大学等。

法兰克福大学设立汉学专业时，聘请汉学家卫礼贤⑦为首任教授。卫礼贤本名理夏德·威廉，自取中文名卫礼贤，字希圣。他早年求学于图宾根大学，攻读神学和哲学。学生时代，卫礼贤就喜欢读大诗人歌德的组诗《中德四季晨昏杂咏》，并因此对中国产生了一种特殊的情感，这种情感甚至影响了他的一生。

1899 年，卫礼贤以德国基督教同善会传教士的身份来到中国青岛，其使命除了传

① 《语言自迩集》：一般认为，这是一部教西洋人学北京官话口语的课本。前后出过三版。书名“自迩”，意思就是学习语言要从浅近处即基础开始。中译本于 21 世纪初出版，译者在原书书名下加了一个副标题——19 世纪中期的北京话。

② 汉堡（Hamburg）：德国北部港口城市，汉堡州首府。

③ 莱比锡（Leipzig）：德国东部城市。

④ 法兰克福（Frankfurt）：德国黑森州城市，位于美因河畔，是德国重要的交通枢纽。

⑤ 哥廷根（Göttingen）：德国下萨克森州大学城。

⑥ 波恩（Bonn）：德国北威州城市，第二次世界大战后的西德首都。

⑦ 卫礼贤（Richard Wilhelm）：1873—1930。

播基督教教义，用他自己的话说，也是为了“呵护德国人的灵魂”。从1903年起，他便开始写文章介绍中国和中国文化，并着手翻译中国古代哲学经典。卫礼贤以尊孔闻名，辛亥革命后，曾在上海参加过尊孔派陈焕章①等发起成立的“孔教会”活动。第一次世界大战后，卫礼贤曾短期回国，后来奉派到德国驻华使馆任学术顾问。离职后受聘为北京大学德语教授。在北京期间，他结识了许多著名的中国学者和文化界名人，比如“新月派”诗人徐志摩②、京剧艺术家梅兰芳③和近代资产阶级改良主义者梁启超等。

由于接受了法兰克福大学的聘任，1924年，卫礼贤启程回国。回国前，他专程到曲阜拜孔庙，登泰山观日出，还去青岛看望了**蛰居**在那里的戊戌变法领袖康有为。有趣的是：卫礼贤来中国时，是一名神学家和传教士；离开中国时，他已成了孔子的一名忠实信徒。

> 蛰居　zhéjū
> 像动物冬眠一样长期居住在一个地方，不与外界接触。

在卫礼贤的积极倡导和策划下，1925年11月14日，法兰克福“中国学社”正式成立。卫礼贤认为，德国处于西欧和东方的中心，在文化上加强东西方交流十分必要，中国学社担负的就是这样的一种使命。学社的主要工作是编杂志，主办各种类型的中国文化报告会、展览会，比如举办于1926年的学术报告会，其主题就是“东方与西方”，重点讨论的是中国的文学与艺术。中国学者胡适应邀在会上做了题为《中国的小说艺术》的报告。中国学社既为东西方文化的联系架设了桥梁，也成了当时在德的中国留学生之家。

卫礼贤翻译出版了大量中国古代哲学经典，其中影响最大的是《易经》和《吕氏春秋》④。卫礼贤认为，“中国思想学说的基础在于《易经》”。他的《易经》德译本内容

---

① 陈焕章：1881—1933。清末民初思想家、社会活动家、孔教徒。广东高要（今肇庆市鼎湖区）人。康有为弟子。1919年在北京筹建“孔教总会”会堂。1923年在京创立“孔教大学”，任校长。1930年在香港开办“孔教学堂”，自任院长。1933年逝世于香港。

② 徐志摩：1897—1931。中国现代著名诗人。浙江海宁人。曾留学英美。《再别康桥》是其代表作。“康桥”就是诗人曾在那里留学两年的英国剑桥大学所在地。诗歌表现了诗人重访剑桥，再次分离时的伤感情绪。

③ 梅兰芳：1894—1961。京剧“四大名旦”之一。祖籍江苏泰州。在50余年的舞台生涯中，精心钻研，勇于革新，形成具有独特风格的艺术流派，世称“梅派”。善于运用歌唱、念白、身段、舞蹈等技巧，把人物的心理状态刻画入微。其代表剧目有《宇宙锋》《贵妃醉酒》《霸王别姬》等。

④ 《吕氏春秋》：书名。一名《吕览》，又名《吕子》。战国末吕不韦主持门客集体编撰，成书于公元前239年。内容以儒、道思想为主，汇合名、法、墨、农、兵各家学说，“假人之长，以补其短”，引证了许多已失传的诸子言论事迹。

准确，文字简洁，备受人们推崇，被认为是西方“**无与伦比**的版本”，曾一印再印，畅销不衰；《吕氏春秋》德译本出版于 1928 年，对于西方汉学界来说，它具有开创性意义。

卫礼贤为实现莱布尼茨的沟通中西文化的理想奋斗了一生。在其所著的《中国心灵》① 一书的“前言”中，他对自己在中国的生活做了这样的总结：

> 我有幸在中国度过了生命中二十五年的光阴。像每一个在这块土地上生活了许久的人一样，我学会了爱这个国家，爱它的人民。过去的二十五年之所以特别重要，原因就在于这是一个新旧交织的时代。我见识过旧中国，它的一切那时看来还将世世代代延续下去；我也目睹了它的**崩溃**，看着新生活的**萌芽**怎么从废墟中生长出来。但是，不管是在新中国还是在旧中国，有一个因素是共同的，那就是处于进化过程中的中国人的心灵，这种心灵尚未失去它的文雅与冷静，并且我也希望，永远不要失去它。

看到孔子所建立的精神世界正在受到新思潮的冲击，卫礼贤感慨万千，但他似乎并不悲观，仍然执着地相信：“也许在新世界里，孔子思想中的某些东西注定要消亡。可是其中永恒的东西——自然与文化的和谐这样伟大的哲理依然会存在。它将是新哲学和人类新发现的巨大推动力。从这个角度讲，孔子真正是不朽的。”显然，这带有预见性的语言不仅仅源于他对孔子的推崇和仰慕，更源于他对儒家学说的深刻领悟和透彻理解。

> 无与伦比　wúyǔlúnbǐ
> 成语。没有能与之相类比的（多含褒义）。
> 崩溃　bēngkuì
> 垮台；彻底瓦解。
> 萌芽　méngyá
> （植物）萌发新芽。比喻新生的、未长成的事物。

卫礼贤死后，他的妻子撰写了有关他生平的回忆录，书名叫作《卫礼贤——沟通中国与欧洲的精神使者》。

在古代中国，历朝都不曾有派人出国留学之举，特别是在鸦片战争前的 300 年左右的时间里，封建统治者采取的是闭关锁国的政策，结果使中国与西方诸国处于严重的隔绝状态，彼此的距离越拉越大。直到鸦片战争之后，中国国门被迫开启，民

---

① 《中国心灵》：德文原名是 *Die Seele Chinas*，因此也有人将其译为《中国精神》。该书中译本于 1998 年由国际文化出版公司出版。

间才有了**零星**的出国留学者[①]。到了19世纪70年代，中国政府开始正式派人出国留学；其后，随着国内政治形势的变化和中外关系的发展，出国留学逐渐形成热潮，除官费外，自费出国留学的人数也**与日俱增**。此后的100多年间，留学浪潮起伏不断，且与中国政治、经济、文化、军事、外交等各个方面的发展变化密切相关。留学生在国外，在学习彼国彼地先进东西的同时，也为传播中国文化做了许多具体而有益的工作；留学生回国后，又对中国的政治、社会以及经济、科学和文化教育事业的发展产生了重要作用和影响。

零星　língxīng
少量的；零散的。

与日俱增　yǔrì-jùzēng
成语。随着时间的推移而不断增长。

由容闳倡导而得以实施的派遣留学生计划于1872年开始执行，到1875年这4年间，清政府每年选派30名幼童赴美，共计120名。1877年和1881年，福建船政局获准先后向欧洲英、法、德三国派出两批留学生，共计45人，学习造船和驾驶等专业。1885年，福建船政局又与北洋水师联合派遣了第三批赴欧留学生，共33名，学习海军专门技术。与此同时，随着时势和风气的改变，也开始有人自费赴欧美留学。

1885年之后，大约有10年左右，清政府再没有成批派人出国留学。在1894至1895年的中日战争中，清廷惨败，从这时到辛亥革命发生的1911年间，中国出现了一个以留学日本为主的热潮。数以万计的学子或官派或自费负笈东渡，在那里学习西方文化和蕴含有西方文化因素的日本文化。章太炎、邹容[②]、陈天华[③]、秋瑾[④]、孙中山、鲁迅、陈独秀[⑤]、苏曼殊[⑥]、钱

① 这里说的零星的出国留学者，大多是跟随外国传教士一起出去的。

② 邹容：1885—1905。中国民主革命家。重庆人。1902年赴日本留学，第二年归国，并出版《革命军》一书（署名"革命军中马前卒"），号召国民起来推翻清朝统治，主张永远废除封建专制政体，建立"中华共和国"。该书对当时的民主革命起了促进作用。1905年死于狱中。

③ 陈天华：1875—1905。中国民主革命家。湖南新化人。1903年留学日本，曾辅佐孙中山筹组同盟会。1905年，为抗议日本政府颁布《清国留学生取缔规则》，在东京大森海湾跳海殉国，时年30岁。

④ 秋瑾：1875—1907。中国民主革命家。浙江绍兴人。为推翻满清政府和封建统治而牺牲的革命先驱，自名"鉴湖女侠"。1907年就义于绍兴城内古轩亭口，年仅32岁。

⑤ 陈独秀：1879—1942。中国共产党主要创始人和早期领导人。安徽怀宁（今安庆）人。1901年以后，三次留学日本，接受西方民主主义思想。1915年创办《青年杂志》（后改名《新青年》），揭开新文化运动的序幕。1919年领导五四运动。1920年发动创建中国共产党。

⑥ 苏曼殊：1884—1918。文学家、文学翻译家。广东香山（今中山）人。曾留学日本，亦曾漫游南洋各地。工诗词，善绘画，尤擅长小说。有《苏曼殊全集》传世。

玄同[①]、欧阳予倩[②]等一大批中国近现代著名的思想家、革命家、文学家、语言学家乃至戏剧家也都在这支庞大的队伍之中。这期间，清政府又陆续派遣了几百名官费留学生赴美国和西欧诸国，自费赴欧美求学的人数也急剧增加。

中国革命的先行者孙中山领导的辛亥革命推翻了腐朽的清政府，结束了中国长达 2000 多年的封建君主专制制度。中华民国[③]成立后，又出现了官派或自费留学的新热潮。作为留美预备部的清华学堂，从 1912 年到 1929 年间，先后派出了留美学生 1000 余人。1912 年成立的留法**勤工俭学**会在全国许多地方创办留法预备学校，招收有志青年进行培训，然后组织他们赴法求学。徐特立[④]、蔡和森[⑤]、向警予[⑥]、周恩来[⑦]、蔡畅[⑧]、李富春[⑨]、陈毅[⑩]、邓小平[⑪]等许多中国无产阶级革命家都参加了

> 勤工俭学 qíngōng-jiǎnxué
> 学生利用课外时间从事劳动，把劳动所得作为学习和生活费用。

---

① 钱玄同：1887—1939。语言文字学家。浙江吴兴人。早年留学日本，师事章太炎。回国后任北京大学、北京师范大学教授。“五四”时期积极参加并宣传“新文学”和新文化运动，提倡汉字改革。著有《文字学音篇》《音韵学》《国音沿革讲义》等。

② 欧阳予倩：1889—1962。戏剧家。湖南浏阳人。1907 年在日本留学时加入春柳社（一个综合性艺术团体，设有戏剧、音乐、诗歌、绘画等部门，以戏剧为主）。辛亥革命后回国，组织新剧同志会。1949 年后曾先后任中央戏剧学院院长、中国文联副主席等职。

③ 中华民国：1912 年 1 月 1 日，中华民国临时政府在南京成立，孙中山就任临时大总统。“中华民国”由此诞生，简称“民国”。

④ 徐特立：1877—1968。无产阶级革命家、教育家。湖南长沙人。第一次世界大战后，提倡并参加留法勤工俭学。作为红军战士参加过长征。

⑤ 蔡和森：1895—1931。无产阶级革命家，中国共产党早期重要领导人。湖南湘乡（今双峰县）人。1919 年赴法勤工俭学。1921 年回国，从事革命活动。1931 年牺牲于广州。

⑥ 向警予：1895—1928。无产阶级革命家，中国早期妇女解放运动领导者。湖南溆浦人。女。1919 年赴法勤工俭学，后亦曾留学苏联。1928 年牺牲于汉口。

⑦ 周恩来：1898—1976。马克思主义者，无产阶级革命家、政治家、军事家、外交家，中国共产党和中华人民共和国的主要领导人，中国人民解放军的主要创建人和领导人。祖籍浙江绍兴，出生于江苏淮安。1920 年赴法勤工俭学。1949 年后担任政府总理，并曾兼任外交部部长。

⑧ 蔡畅：1900—1990。无产阶级革命家，中国妇女运动领导人。湖南湘乡（今双峰县）人。女。1920 年赴法勤工俭学，后亦曾留学苏联。中华人民共和国成立后长期担任全国妇联主席职务。

⑨ 李富春：1900—1975。无产阶级革命家。湖南长沙人。1919 年赴法勤工俭学，1925 年转学苏联，同年回国。中华人民共和国成立后曾任国务院副总理，并曾担任过党和国家多个领导职务。

⑩ 陈毅：1901—1972。无产阶级革命家、军事家、外交家，中国人民解放军的创建人和领导人。四川乐至人。1919 年赴法勤工俭学。中华人民共和国成立后曾长期担任国务院副总理兼外交部部长。1955 年被授予中华人民共和国元帅军衔。

⑪ 邓小平：1904—1997。马克思主义者，无产阶级革命家、政治家、军事家、外交家，中国共产党、中国人民解放军、中华人民共和国的主要领导人，邓小平理论的主要创立者。四川广安人。1920 年赴法勤工俭学，1926 年转学苏联。1927 年回国。中华人民共和国成立后，担任党和国家的重要领导职务。中国社会主义改革开放和现代化建设的总设计师，中国特色社会主义道路的开创者，提出了“改革开放”和“一国两制”政策理念，改变了中国 20 世纪后期的面貌。

这一时期的留法勤工俭学实践。1917 年，苏俄十月社会主义革命取得胜利，这极大地影响了中国知识界。从 1921 年起，陆续有上千人留学苏联，他们之中的许多人就读于莫斯科东方劳动者共产主义大学①和孙中山中国劳动者大学②，其中有不少后来成为中国共产党和中国国民党的著名领导人以及其他知名人士。

1930 年至 1949 年间，由于国民党政府提出了派遣留学生的新办法，再加上国家动乱，特别是 1937 年“七七事变”③后，公派留学生人数日益减少。据统计，这 20 年间，公派及自费出国的留学生共约一万人，其中大部分是自费生。这一阶段的留学生中，学习理工农医类专业的相对多一些，他们之中出了不少享誉世界的科学家，如钱学森④、钱三强⑤、华罗庚⑥、杨振宁⑦、李政道⑧、吴健雄⑨等。

---

① 莫斯科东方劳动者共产主义大学：简称“莫斯科东方大学”。

② 孙中山中国劳动者大学：一般称之为“莫斯科中山大学”。

③ 七七事变：1937 年 7 月 7 日，日本侵略军向中国华北重镇北平的卢沟桥驻军发起突然进攻，中国军队奋起抗击。这次事变史称“七七事变”或“卢沟桥事变”。

④ 钱学森：1911—2009。世界著名科学家，空气动力学家，中国载人航天奠基人，中国科学院及中国工程院院士，中国“两弹一星”功勋奖章获得者。祖籍浙江杭州，生于上海。1934 年毕业于上海交通大学。1935 年进入美国麻省理工学院航空系学习，1936 年获硕士学位。1939 年获美国加州理工学院航空、数学博士学位。1943 年任加州理工学院助理教授，1947 年被聘为麻省理工学院教授。1955 年冲破重重阻力回国。

⑤ 钱三强：1913—1992。核物理学家。中国原子能科学事业的创始人，“两弹一星”功勋奖章获得者，中国科学院院士。原籍浙江湖州，生于浙江绍兴。1936 年毕业于清华大学。1937 年赴法，在巴黎大学镭学研究所居里实验室和法兰西学院原子核化学实验室进行原子核物理的研究，并于 1940 年获法国国家博士学位。1948 年归国，任清华大学教授。后调入中国科学院任近代物理研究所（后改名原子能研究所）副所长、所长。

⑥ 华罗庚：1910—1985。数学家，中国科学院院士，美国国家科学院外籍院士。祖籍江苏丹阳，生于江苏金坛。1936 年留学英国剑桥大学。回国后任清华大学教授，后任中国科学院数学研究所所长。作为中国解析数论的创始人和开拓者，被誉为“中国现代数学之父”。因其杰出成就，被列为美国芝加哥科学技术博物馆中当今世界 88 位数学伟人之一。

⑦ 杨振宁：1922— 。物理学家，中国科学院院士。安徽合肥人。1942 年毕业于西南联合大学。1945 年赴美留学，1948 年获美国芝加哥大学哲学博士学位。因与李政道共同提出宇称不守恒定律，二人于 1957 年获诺贝尔物理学奖。1998 年起任清华大学教授。2017 年恢复中国国籍。

⑧ 李政道：1926— 。美籍华裔物理学家，美国哥伦比亚大学全校级教授。江苏苏州人。1943 年考入浙江大学物理系，后转入西南联合大学就读。1946 年赴美求学，1950 年获芝加哥大学博士学位。1957 年与杨振宁共同获诺贝尔物理学奖。2018 年起担任上海交通大学李政道研究所名誉所长。

⑨ 吴健雄：1912—1997。美籍华裔女物理学家。江苏太仓人。1934 年毕业于中央大学物理系。1940 年毕业于美国加州大学伯克利分校，获物理学博士学位。1958 年升任哥伦比亚大学教授，当选为美国科学院院士。1975 年获美国最高科学荣誉——国家科学勋章。

第二节　交流与交融——文化发展的必由之路

中国当代著名历史学家周一良先生在他主编的《中外文化交流史》[①]一书的“前言”中，对通常意义上的文化做了这样的概括：

> 一般说起文化，就想到哲学、文学、美术、音乐以至宗教等主要与精神文明有关的东西，这可以说是与政治、经济相对而言的狭义的文化。其实，政治生活中的典章制度，经济生活中的生产交换，社会生活中的衣食住行、婚丧嫁娶等风俗习惯，以及与衣食住行有关的物质条件如生产工具、服饰、房屋、饮食、车船等等生活用具，也莫不都是一个民族通过长期劳动和经验所取得的精神的或物质的成就，是人们体力和脑力劳动的**结晶**，应该说是广义上的文化。

接着，他又提出了一个新概念——深义的文化，认为那是狭义文化和广义文化两个层次之外的又一层次，是一个民族文化中最为本质或最具特征的部分，是民族精神的体现，是近乎民族性的东西。他的观点是，要了解一个民族，只了解它的政治经济制度是不够的，只**通晓**它的历史语言也是不够的，更重要的是要了解它的文化——不仅了解其狭义、广义的文化，还要了解其深义的文化，即一个民族的灵魂深处：

> 以日本而言，我觉得仔细分析追究起来，她的文化中包含若干本质特征。其中之一是日本传统文学艺术中**每每**崇尚两个特点，可以译为“苦涩”和“**闲寂**”，而二者又有相通之处。这二者的具体表现，可以形容为简单、质朴、纤细、**含蓄**、

结晶　jiéjīng
比喻珍贵的成果。

通晓　tōngxiǎo
透彻地了解、知晓。

每每　měiměi
表示同样的事情发生多次，跟“往往”相同。

闲寂　xiánjì
安闲寂寞。

含蓄　hánxù
（言语、诗文）意思含而不露，耐人寻味。也指不轻易流露自己的思想或感情。

① 该书于 1987 年由河南人民出版社出版。

古雅、**引而不发**、不事**雕饰**等等。文学作品中，俳句[①]讲求这种**意境**，而日本人民所最**喜闻乐见**的俳句体裁本身，是由五七五等共十七个音节构成的短句，当然也符合简单质朴的要求。再看宗教领域，虽然富于思辨性的佛教宗派如法相宗、三论宗等很早传入日本，但未能长久流传。长期以来为日本人民所笃信的佛教，乃是主张顿悟的禅宗、口念阿弥陀佛即可成佛的净土宗等，都是简单质朴、与复杂思辨和**繁冗**仪式无干的宗派。再从广义文化来说，日本吉庆仪节之**尚**白色，建筑之喜本色木料不加油彩，席地而坐的房中陈设之简单朴素，用具如瓷器造型**着色**之**古拙**高雅，以至日常饮食之清淡简单等，其间可说都贯穿着“苦涩”“闲寂”的精神，这难道不算是日本文化从深处考察所得的一种特征或本质吗？

古雅　gǔyǎ
古朴雅致（多指器物或诗文）。

引而不发　yǐn'érbùfā
成语。射箭时拉开弓却不把箭放出去，比喻善于引导或控制，也比喻做好准备，待机行动。

雕饰　diāoshì
雕琢装饰。指刻意地修饰。

意境　yìjìng
文艺作品中所描绘的形象和表达的思想感情融合而成的一种艺术境界。

喜闻乐见　xǐwén-lèjiàn
成语。喜欢听，乐意看。指很受群众欢迎。

繁冗　fánrǒng
同“烦冗”。形容（事务）繁杂，也指（文章）烦琐冗长。

尚　shàng
尊崇；推崇；注重；尊重；推重。

着色　zhuósè
涂上颜色。

古拙　gǔzhuō
古朴而不加修饰。

上述的文化概念，当然也适用于国家与国家、民族与民族之间文化交流的历史：

从千百年来中外文化交流的历史来看，

① 俳句：日本的一种短诗，以 17 个字为一首，首句 5 个字，中句 7 个字，末句 5 个字。又称“俳谐”。日本江户时代前期一位署名为“松尾芭蕉”（1644—1694）的俳谐师，通过自己的创作实践，将俳谐从和歌中解放了出来，发展成独立的诗体。这里仅举松尾芭蕉创作的几首俳句以对这种诗体加以说明：

客居送流光，江户十年意未央，他乡是故乡。（1684 年）
露珠照人心，晶莹透澈滴滴清，洗尽世俗尘。（1684 年）
秋日逢重阳，采蕊蝴蝶饮菊忙，其命将更长。（1685 年）
古池碧水深，青蛙“扑通”跃其身，突发一清音。（1686 年）
把我叫旅人，初冬细雨出家门，寒气壮精神。（1687 年）
樱花如常年，往事历历浮眼前，沧海变桑田。（1688 年）
冬日风狂叫，故家避寒待春到，此柱频倚靠。（1688 年）
面对海茫茫，佐渡那边波涛狂，天河横上方。（1689 年）
山中胜仙乡，沐浴温泉如药汤，一身菊花香。（1689 年）
乌鸦欲何为，直往岁末闹市飞，不向巢中归？（1689 年）

很明显，文化也者不应只包括狭义的即思想、文学、艺术而已。唐代中国典章制度之影响日本，科举制度之影响朝鲜高丽王朝，中国文字之影响周围国家（日本假名、朝鲜吏读与谚文、越南字喃），甚至考试制度在近代时期之传入英国，这些交流都应归入文化之列。至于各国与中国之间衣食住行婚丧礼俗之交流**濡染**，不但史不绝书，而且今天还在不断进行之中。所以，回顾中国与外国交流的历史，还可帮助我们正确理解什么是文化。

濡染　rúrǎn
浸润；受熏陶。

当然，深义的文化不像狭义、广义文化那样可以很容易地移植引进，但人们却可以通过交流学习，加深彼此的认识和理解。

纵观历史上的中外文化交流，我们看到有许许多多的途径。官方派遣使节、学生、乐舞团体，赠送各种礼品及书籍，是一条常见的渠道。除此之外的另外两条重要途径，自然就是宗教和贸易。比如随着佛教的传入，印度的哲学、逻辑学、文学、音乐、绘画、舞蹈等等都相伴而来，从而大大丰富、充实了魏晋至隋唐 700 年间的中国思想学术和社会文化生活。鉴真东渡日本，也带去了唐朝的建筑、雕塑、绘画等工艺技术和医药之学。耶稣会士东来，除传教外，同时带来了当时西方较为先进的数学、天文学、地理学等多门学问和工艺技术。法显、玄奘、义净、樊守义[①]等中国宗教信徒，异国游历求“经”，他们所做的工作和这些事迹的意义远远超越了宗教层面。利玛窦和卫礼贤初来中国时都自信用宗教便可普度中国人的灵魂；到中国后，却为中国几千年的传统文化所**倾倒**，最终成了中国文化的积极传播者。

在中外贸易往来中，精神文明产品也是历代商人经营的对象。比如中国唐代大诗人白居易[②]的诗歌，就为朝鲜人和日本人所喜爱。唐朝商人甚至伪造白居易的诗作以图利。明清时代，赴泰国的中国商人谈论《三国演义》，引起泰国人对这部古典名著的兴趣，于是

倾倒　qīngdǎo
折服；仰慕，爱慕。

① 樊守义：1682—1735。清康熙帝使臣。山西平阳人。康熙四十六年（1707 年），为解决与罗马教廷的礼仪之争，樊奉命随同法国传教士艾若瑟赴罗马，1709 年春抵达意大利的热那亚，在罗马、都灵等地逗留了 9 年。1718 年返国。著有《身见录》。

② 白居易：772—846。唐代大诗人。字乐天，号香山居士。祖籍山西太原，生于河南新郑。年轻时即写出“野火烧不尽，春风吹又生”等名句，因有诗名。28 岁中进士。做地方小官时，即写出表现人民疾苦的诗篇。后调任京官，创作过不少揭露社会黑暗面的讽喻诗。后因遭诬陷被贬为江州司马，并曾任杭州、苏州刺史。晚年过着半官半隐生活，写了许多闲适诗。现存诗作近 3000 首，代表诗作有《长恨歌》《琵琶行》《观刈麦》《卖炭翁》等。

产生了好几种泰文译本。清代中国商人贩运到日本的货物中就有大批的图书。凡此种种，都说明商人贸易与文化交流密切相关。

除了上面所讲的三个途径，文化交流也还有特殊的渠道，那就是战争与**掠夺**。战争造成的文化交流机会出乎人们的意料。13 世纪，成吉思汗及其后世蒙古大汗曾三度西征，客观上起到了沟通中西交通、促进中西文化交流的作用。公元 751 年，唐朝大将高仙芝[①]的军队与大食[②]军队大战于边境地区——今中亚哈萨克斯坦境内，兵败，致使不少士卒被俘。被俘兵士中有一些造纸工匠，于是中国的造纸术便由此传入了阿拉伯世界，进而传向欧洲。中国与拉丁美洲的接触与交流，则是 16 世纪末以来西班牙殖民者占据马尼拉并控制了它与墨西哥的海上商业往来造成的结果。类似的情况在世界历史上并不少见。

> 掠夺　lüèduó
> 用强力夺取（多指资源、土地、财物）。
> 劫掠　jiélüè
> 抢劫掠夺。

应该说，世界各国的文化都是在与他国、他地的相互交流与交融中不断发展起来的，这已为历史所证明。但在鸦片战争前百余年的时间里，在闭关锁国的状态下，中国的封建统治者却依然做着“天朝上国”的美梦，根本不知道世界已经发生了并正在发生着巨大变化。特别是欧洲，至 19 世纪上半叶，已率先完成了从前现代转化为现代的社会变革，即从中世纪宗教主导的社会转变为适合现代化发展的世俗社会，其后，又启动并完成了以大机器生产和高效率产出为主要特征的工业化，因而使其工业力量和知识水平均已领先于非西方世界。

众所周知，文化产生于特定的时空环境，具有极强的时代性。中国的传统文化产生于中国的农耕社会，历史悠久，灿烂多彩，与此同时，它也孕育、培养了中国人的思想和性格，铸就了中华民族的精神与灵魂。但必须承认，农耕文明不适应现代工业文明的需要也是必然的。鸦片战争之后，西方文化紧随而至，对于中国人来说，他们面临的已是性质完全不同的文化，既新鲜又陌生，所引起的心理震荡可想而知。

---

① 高仙芝：？—756。唐朝中期名将。高丽人。史书中描写他“姿容俊美，善于骑射，骁勇果敢”。幼时随父入唐，20 岁时即被封为将军。因作战有功，官至安西节度使。公元 751 年，石国（位于今乌兹别克斯坦塔什干一带）为复仇引大食来攻，高仙芝率兵出击至怛逻斯（今哈萨克斯坦江布尔），败归。

② 大食：中国史书中对阿拉伯帝国的称呼。

在中国乃至世界科学界，“李约瑟[①]之谜”或曰“李约瑟之问”[②]几乎尽人皆知。它指的是20世纪中叶，英国生物化学家、中国科学技术史研究专家李约瑟曾经发出过的诘问：

——尽管中国古代对人类科技发展做出了很多重要贡献，但为什么科学和工业革命没有在近代中国发生？

——为什么在16世纪之前，在将人类的自然知识应用于实用目的方面，中国较之西方更为有效，之后中国科技却停滞不前？

——为什么近代科学没有产生在中国，而是在17世纪的西方特别是文艺复兴之后的欧洲？

据考据，从公元6世纪到17世纪初，在世界重大科技成果中，中国所占比例一直都在50%以上；而到了19世纪，却已骤降至0.5%以下。东西方的文化落差及其成因，既可对解开“李约瑟之谜”提供一种思路，也可为我们认识文化交流的客观规律提供一个视角。

显然，1840年是中国这个东方古国历史的一个重要拐点。鸦片战争及其后的几十年间，中国与西方列强曾多次正面碰撞、交手，均遭失败。为了寻找救国救民之路，中国人开始向西方学习，同时也产生了一批敢于直面世界的优秀人物。正像中华人民共和国的**缔造**者毛泽东[③]在《论人民民主专政》一文中曾经指出的那样：“自从1840年鸦片战争失败那时起，先进的中国人，经过千辛万苦，向西方国家寻找真理。洪秀全、康有为、严复和孙中山，代表了在中国共产党出世以前向西方寻找真理的一派人物。”

> 缔造 dìzào
> 创建（伟大事业、宏伟成就）。

寻找、探索之路是艰难的。发生于19世纪60年代至90年代的洋务运动，始终以“中学为体，西学为用”为其指导思想。因为洋务派是一些熟悉中国传统文化同时又认识到了西方文化巨大威力的封建官僚，所以其自身的社会地位便决定了他们不可能全方位地接受西方文化。对于他们来说，增“新”是可以的，但“旧”却不可变。这里

① 李约瑟（Joseph Needham）：1900—1995。剑桥大学博士。著有《中国科学技术史》（7卷34分册），指出中国古代科学技术曾极大地影响了世界文明进程，为全人类做出过巨大贡献。

② 对“李约瑟之谜”或谓“李约瑟之问”，学术界尚有争论，各有解读。

③ 毛泽东：1893—1976。马克思主义者，无产阶级革命家、战略家、理论家、军事家，中国共产党、中国人民解放军和中华人民共和国的主要缔造者，中国各族人民的领袖，毛泽东思想的主要创立者。湖南湘潭人。1914—1918年就读于湖南第一师范学校。早期即开始革命活动，接受并传播马克思列宁主义。1954年，当选为中华人民共和国主席。

的“新”，指的是西洋语文以及殖民地加工业所需要的科学与技术；“旧”，指的自然是封建文化特别是君主专制政体。洋务运动的封建本位，决定了它必然失败的命运。1894年爆发的中日甲午战争最终使洋务运动走到了尽头。

洋务运动虽然没能使中国走向富强，但在文化方面却产生了某些不容忽视的效果：它奠定了中国近代文化的物质基础，拉开了中国近代新的生产方式产生的序幕；它采取的一些试图富国强兵的举措，为西方文化进入中国打开了一条通道。在这个过程中，中国人的思想观念也随之发生了变化，即逐渐淡化了对西方的“夷狄”之见，同时深化了对中西文化关系的认识。

应该指出的是，对于西方文化，中国人尤其是知识分子的态度是不尽相同的，有人排斥、拒绝，也有人羡慕、推崇。但无论是哪种态度，确乎都是可以理解的。

一般情况下，当主体文化即本土文化受到客体文化即外来文化冲击时，排斥与拒绝态度的产生可以说是一种必然。因为对外来文化，本土文化需要有一个认识过程，也就是说，外来文化要经过本土文化的主观选择才可能被接纳，被吸收。中西文化性质各异，更何况中国传统文化毕竟是一个历史悠久、积淀深厚的文化系统，因此，当西方文化**汹涌**而至的时候，许多中国人所持的最初态度似乎只能是排斥与拒绝。

> 汹涌　xiōngyǒng
> （水）猛烈地向上涌或翻腾激荡。
>
> 一无是处　yīwúshìchù
> 成语。没有一点儿对的或好的地方。
>
> 完美无缺　wánměi-wúquē
> 成语。完备美好，没有缺点。

对西方文化的羡慕与推崇，也使一些知识分子走向了极端，有人甚至提出了“全盘西化”的口号。大概在他们眼中，中国的传统文化**一无是处**，而西方文化则是**完美无缺**。当然，“全盘西化”在中国实际上是行不通的，因为它违反了文化交流的客观规律。世界上每一个民族和每一个国家的文化，都是在特定的种族、自然、地理、历史等各种条件下逐渐形成和发展起来的，它包含着这个民族或国家特有的民族心理、价值观念和文化积淀，具有独特且鲜明的民族性。外来文化只有与输入国的国情和民族性相结合，只有与输入国的传统文化保持既排斥又融合的关系，才能得以传播并最终被吸纳、被接受。

正如有学者总结的那样："**盲目**排外"没能阻止西方文化潮水般源源涌入；"中体西用"冲击了中国传统的经济结构和思想结构，但却有其明显的**局限性**；"全盘西化"则把"西学"和"中学"完全地对立了起来，不利于文化的交流与交融。不容否认的是，近代西方文化确实对中国社会产生了巨大影响，这表现在政治、经济、文化、教育以及社会风习等多个方面。

盲目 mángmù
眼睛看不见东西，比喻缺乏明确的目标，认识不清或没有主见。

局限性 júxiànxìng
受到局限的性质。局限：限制在一定的范围内。

信条 xìntiáo
信奉并遵守的准则。

挽救 wǎnjiù
从危险或不利的境地中救出来。

危亡 wēiwáng
濒于灭亡（多指国家和民族）。

政治上，鸦片战争后几十年间先后发生的太平天国运动、戊戌变法、辛亥革命及紧随其后的新文化运动，都与西方文化的冲击与影响密切相关。

1843 年，洪秀全创立拜上帝会；1851 年 1 月，他在广西桂平金田村率众起义，建号"太平天国"。1853 年 3 月，起义军占领南京并将其定为都城，命名天京。这次运动发展到全国 18 个省，坚持斗争 14 年，严重动摇了清王朝的统治，打击了外国侵略者，对中国近代史影响深远。作为一场反对本国封建统治和外国资本主义侵略的农民起义，太平天国运动可以说是一次农民救国的尝试与探索，其领导者洪秀全从西方基督教的教义中得到启示，提出了自己改变中国的政治主张。戊戌变法是资产阶级改良主义的维新运动，它以西方资产阶级天赋人权理论和民主政治制度为**信条**，企图通过自上而下的政治、经济改革发展中国的资本主义。孙中山领导的辛亥革命是中国资产阶级领导的旧民主主义革命，它推翻了腐败的清王朝，结束了在中国持续了 2000 多年的封建专制制度，为中国的进步打开了历史的闸门。1919 年五四运动前后的新文化运动是一场反对封建思想的启蒙运动，是在舶来的"民主"与"科学"的旗帜下兴起的，在政治上和思想上给了封建主义以沉重打击，在中国形成了一次思想解放的潮流。

经济上，鸦片战争后，农民和手工业者的纷纷破产为中国资本主义近代工业提供了劳动力市场，中国的民族资本主义工业开始兴起；中国在甲午战争中的失败以及《马关条约》的签订，震动并刺激了社会各阶层的人们。许多有志之士提出了自办铁路、开采矿产、建立工厂以"抵制洋商洋厂"的主张，目的是想通过发展资本主义工业**挽救**民族**危亡**。辛亥革命前夕，中国的民族工业已经有了一定的基础，至第一次世界大战期间，又得到了进一步的发展。

文化事业上，书籍、报刊大量出版发行。书籍、报刊本是西方文化向中国传播的**载体**，而西方文化的大规模传播又促进了出版和报业的发展。除了外国人经营的报刊外，这时也已有了不少中国人自己经营的报刊。

> 载体　zàitǐ
> 泛指传递信息或承载其他事物的物质，如语言文字是信息的一种载体。

西方文化对中国教育事业的影响，主要表现为新式学校的创办。鸦片战争后，更多的外国传教士来到中国，他们除传教外，大多兼办教育，比如 1844 年，英国人就在宁波开设了中国最早的教会女子学校；1845 年，美国长老会也在宁波建立了一所名为“崇信义塾”的学校，该校 1867 年迁往杭州，初名“育英义塾”，1897 年正式更名为“育英书院”，后来发展为之江大学①。到 1877 年，基督教会在中国全国开办的教会学校就达 350 所，其中大学 13 所。对教会大学，章开沅教授做过这样的论述：“过去人们曾经将中国教会大学单纯看作是帝国主义文化侵略的工具，殊不知它也是近代中西文化交流的产物，它的发展变化是近代中西文化交流史的重要组成部分。正是这些教会大学，把现代教育模式和女子教育带入了中国，其对近代中国科技教育的发展起到了十分积极的作用。”

洋务运动时期，为培养“西文”人才，洋务派在西人教育的影响下设立了京师同文馆、上海广方言馆、广州同文馆、湖北自强学堂等；为培养“西艺”人才，洋务派还开设了一些专业技术学校和军事学校，如上海江南制造总局附设的机械学校及福州马尾船政局附设的船政学堂、天津水师学堂、天津武备学堂、广东陆师学堂、广东水师学堂、上海电报学堂、天津军医学堂、南京陆军学堂等。

甲午战争后，清政府创办了一些新型的公立普通学校，其中比较著名的有 1895 年在天津创办的中西学堂②、1897 年创办于上海的南洋公学③和 1898 年创办于北京的京师大学堂④。1905 年清政府颁布诏令废止科举后，特别是中华民国成立之后，新式学校教育便在全中国范围内发展了起来。

---

① 之江大学：基督教美北长老会和美南长老会联合在杭州创办的一所教会大学。该大学 1952 年停办，其院系被拆分至浙江和上海的几所大学。

② 中西学堂：1903 年改为北洋大学堂。

③ 南洋公学：后改为上海交通大学。上海交通大学后又分出一支，建为西安交通大学。

④ 京师大学堂：今北京大学前身。

中国传统的社会风习因受西方文化的影响，也有了多方面的改变，比如服装、**冠冕**、发式和礼仪等。特别是受西方妇女解放运动和男女平等观念的影响，中国妇女的地位开始逐步改变。康有为、梁启超、谭嗣同等维新派人物以及翻译家严复等，都是妇女解放的积极倡导者，他们提出了许多改变妇女境遇与地位的主张，如不缠足、兴女学、婚姻自由等。

1902 年，蔡元培在上海创办爱国女校，这是中国人自己办的第一所女子学校。学校向学生传授新的文化知识，**灌输**爱国思想。在办女校的同时，人们又重新提出了**女权**问题。上海出版了由女性创办的《女报》，接着，又有人创办了《女子世界》杂志，并出版了以宣传女权为中心内容的《女界钟》一书。1907 年，资产阶级女革命家秋瑾在上海创办《中国女报》，宣传妇女解放。她写诗撰文，反对**包办**、买卖婚姻，反对宿妓**纳妾**；主张婚姻自由、男女平权；号召女子走出家门就业。辛亥革命中，不少先进妇女直接参加了推翻清王朝的实际斗争，她们组成女军参战，英勇异常。

严复译作《天演论》的出版，成为进化论学说系统地介绍到中国之初始，使中国人眼界大开。进化论因此成了资产阶级维新运动的理论基础。一时间，“物竞天择，适者生存”“优胜劣败”等成了**时髦**词语。严复用进化论的观点分析中国人的历史观念，指出：中国人讲“**常**”，进化论讲“变”；中国人主张历史循环，“天不变，道亦不变”，西方人则主张历史进化，日进无疆；中国人的处世哲学是“以不变应万变”，以为“**天运循环，周而复始**”，西方人则以为事物总在发展变化，竞争亦属必然。

冠冕　guānmiǎn
冠：帽子的总称；冕：过去帝王、诸侯、卿、大夫戴的礼帽。这里的“冠冕”，指的就是头上的帽子与装饰。

灌输　guànshū
向别人输送（思想、知识等）。

女权　nǚquán
妇女在社会上应享有的政治、经济和文化等各方面的权利。

包办　bāobàn
不征得同意就代为办理。

纳妾　nàqiè
旧时指娶小老婆。

时髦　shímáo
（人的装饰衣着或其他事物）新颖入时。

常　cháng
永恒的；固定不变的。

天运　tiānyùn
天体的运转；天命（自然规律）。

循环　xúnhuán
周而复始地运动或变化。

周而复始　zhōu'érfùshǐ
成语。绕完一圈又一圈；一遍又一遍地重复进行。

第一个把西方逻辑学著作介绍到中国来的是明末科学家李之藻，他与葡萄牙传教士傅泛济[①]合作，将中世纪葡萄牙的一本逻辑学讲义《亚里士多德[②]**辩证法**概论》的前10卷译为《名理探》出版。由于该书内容过于烦琐，在当时的思想界并没有产生什么影响。19世纪末，西方逻辑学逐渐受到中国学者的重视，严复将英国哲学家穆勒的《逻辑体系》译为《穆勒名学》出版，该书是以介绍**归纳**逻辑为主的传统逻辑学名著。严复在该书“按语”中提出了自己的逻辑观点。

清末语文学家、思想家马建忠[③]年轻时便抛弃科举道路，专门研究西学。光绪二年即1876年被派赴法国留学，并兼任中国驻法使馆翻译。回国后曾协助李鸿章办洋务，主张办学校、立**议院**、振兴工商业、夺回**关税**自主权等。他精通英语、法语、希腊文及拉丁文，曾参照西方语法著成《马氏文通》[④]一书。该书分正名、实字、虚字、**句读**四个部分，从经、史、子、集[⑤]中选出例句，将拉丁语法与汉语文法进行比较，以研究古代汉语的结构规律，是中国第一部较为全面和系统的语法著作。这部著作代表了中国语言学的优良传统，对后来汉语语法书体系的形成影响很大，也为中国逻辑思维研究的开创奠定了基础。

辩证法　biànzhèngfǎ
关于事物矛盾的运动、发展、变化的一般规律的哲学学说。

归纳　guīnà
一种推理方法，由一系列具体的事实概括出一般原理（与“演绎”相对）。

议院　yìyuàn
即议会。某些国家的最高立法机关，一般由上、下两院组成。议会成员由选举产生。

关税　guānshuì
国家对进出口商品所征收的税。

句读　jùdòu
古时称文辞停顿的地方为句或读。连称“句读”时，“句”是语意完整的一小段（稍长的停顿），“读”是句中语意未完、语气可停的更小的段落（较短的停顿）。后来把“读”写成“逗”。

中国当代语言学家、语文教育家张志公[⑥]先生曾这样评价马建忠的贡献：“……他的功劳很大，使我们知道语言有一定的法则，有一定的规律。仅仅这一点常识，对我们就非常有用。我常常举这个例子：一个人知道地球围绕太阳转，与认为太阳围绕地球转相比，两个脑袋相差不知多少世纪。同样，

① 傅泛济（Franciscus Furtado）：1587—1653。

② 亚里士多德（Aristotle）：前384—前322。古希腊哲学家、科学家、教育家。

③ 马建忠：1845—1900。清末语文学家、思想家。江苏丹徒（今镇江）人。

④《马氏文通》：中国第一部较全面系统的语法专著。共10卷。该书第一次确立了汉语的词类体系，论述了各种句法结构，并设立了词（句子成分）、次（词组成分）、顿、读、句等名目，同时还将词法和句法结合起来加以论述。该书上卷于1898年出版，下卷出版于1899年。

⑤ 经、史、子、集：中国传统的图书分类法，把所有图书划分为经、史、子、集四大类，称为四部。“经”部包括儒家经传和小学（指研究文字、训诂、音韵的学问）方面的书；“史”部包括各种历史书，也包括地理书；“子”部包括诸子百家的著作；“集”部包括诗、文、词、赋等。

⑥ 张志公：1918—1997。河北南皮人。代表著作有《张志公文集》《汉语辞章学论集》《传统语文教育初探》等。

知道语言是有规律的，说话是有规矩的，与不知道，脑袋也差了好几个世纪。”

五四运动前后的新文化运动，以1915年陈独秀在上海创办《新青年》[①]杂志为起始标志，在此之前，中国文化一般笼统地被称为“旧文化”；从此时起，特别是“五四”爱国运动之后，中国文化则被称为“新文化”。陈独秀、李大钊[②]、鲁迅、胡适、钱玄同等一批文化人，成为新文化运动的先驱。他们高举着“民主”和“科学”两大旗帜，反对旧思想，提倡新思想；反对旧道德，提倡新道德；反对旧文学，提倡新文学。他们毫不留情地向一切旧文化宣战，使其失去了神圣光环；而新思想、新文化则如雨后春笋般发生、发展，形成滚滚洪流，不可阻挡。尽管新文化运动也存在着某些不足，但它却有力地推动了中国的社会发展、历史进步和文化转型，具有划时代的伟大意义。

思考题：

1. 从整体上讲，你如何评价汉学家和留学生在中外文化交流中所起的作用？

2. 从晚清起至民国期间，先后有大批中国青年或官派或自费赴域外留学，这些人中的佼佼者为推动中国的社会进程，为中国文化教育以及科学技术的进步，做出了一般人难以企及的贡献。请结合具体的人物和具体事例加以叙说。

3. 文化交流一般有哪些途径？请分别予以介绍。

4. 晚清之时，面对西方文化的挑战和强行输入，绝大多数中国人采取的是怎样的态度？为什么？

5. 请介绍一下中国晚清时出现的洋务运动：其兴起的背景、其指导思想、其作用、其最终的失败原因等等。

6. 新文化运动是在怎样的背景下发生的？它对中国社会的进步起了怎样的作用？

7. 对马建忠所著《马氏文通》，你有怎样的了解和看法？

---

① 《新青年》：新文化运动时期的进步刊物。第一卷名《青年杂志》。1915年9月创刊于上海，初为月刊。第二卷起始用此名。主编为陈独秀，其他编辑还有李大钊、鲁迅、胡适等。该刊提出“民主”和“科学”的口号，反对专制和愚昧，提倡新文化、新思想，对新文化运动的开展起了积极作用。1926年停刊。英文“民主”一词的第一个字母是“d”，“科学”一词的第一个字母是“s”，所以人们也形象地将其称为“德先生”和“赛先生”。

② 李大钊：1889—1927。无阶级革命家，中国最早的马克思主义者，中国共产党主要创始人和早期领导人。字守常，直隶乐亭（今属河北）人。

填空练习：

1. “汉学”又称“中国学”，专指外国人研究中国的学问。研究中国学问且有一定成就的人被称为“汉学家”。西方世界的许多汉学家，原来就是____（1）____、____（2）____或____（3）____，他们在中国生活多年，对中国的____（4）____有了较为全面的了解和较为深切的理解，回国后继续潜心于汉学的研究，并最终成为著名学者。

2. 威妥玛本是英国____（1）____，曾参加过入侵中国的____（2）____。在中国工作期间，他曾编写过一本汉语课本，名为《____（3）____》；同时，他还设计过一种汉语拼音方式，即用____（4）____拼写汉字，被称为“____（5）____”。后来，他的拼音方式成了邮政、电报、海关、金融和国际贸易中音译中国人名、地名和事物名称的通用标准。

3. 1899年，德国人卫礼贤以____（1）____身份来到中国____（2）____。来中国时，他是一名神学家和基督徒，而当他离开中国回国时，已经是____（3）____的一名忠实信徒了。

4. 19世纪70年代，中国政府开始正式派人____（1）____，这是“中华创始之举”，是“古来未有之事”，开了中国历史的____（2）____。近代中国最早走出国门求学的是广东学子____（3）____。从1872年至1875年的四年间，清政府曾每年选派30名____（4）____赴美留学，共计120名。

5. 历史上，文化交流有许许多多的途径。官方派遣使节、学生、乐舞团体，赠送各种礼品和书籍，是一条____（1）____；另外的两条重要渠道则是____（2）____和____（3）____。除了以上这三种渠道，文化交流也还有一种特殊的渠道，那就是____（4）____。

6. 19世纪60至90年代，中国的一些官僚进行了一系列与资本帝国主义有密切联系的军事、政治、经济、文教以及外交方面的活动，历史上称之为“____（1）____”。该运动的中心内容是标榜“____（2）____”的“练兵制器”活动和标榜“____（3）____”的经济活动，其指导思想就是“____（4）____”，简称为“____（5）____”。

7. 五四运动前后的新文化运动，以陈独秀于1915年在上海创办《____（1）____》杂志为起始标志。该刊高高竖起“____（2）____”和“____（3）____”两面旗帜，批判旧文化，提倡新文化。有人形象地将这两面旗帜称为“____（4）____”和“____（5）____”。

填空练习参考答案

第一章

1.（1）138；（2）119；（3）汉武帝；（4）丝绸之路；（5）中外文化交流

第二章

1.（1）天竺；（2）释迦牟尼；（3）67；（4）白马寺

2.（1）法显；（2）第一位；（3）师子国；（4）佛国记

3.（1）佛教；（2）玄奘；（3）西游记；（4）大唐西域记

第三章

1.（1）马可·波罗；（2）17 年；（3）大江南北；（4）马可·波罗游记；（5）先驱和使者

2.（1）利玛窦；（2）汤若望；（3）南怀仁；（4）中西文化交流；（5）西学东渐

3.（1）西学东渐；（2）学术传教；（3）北京；（4）天主会

4.（1）赏识和信任；（2）钦天监监正；（3）西洋新法历书

第四章

1.（1）西学东渐；（2）1840；（3）鸦片战争；（4）新一轮的西学东渐

2.（1）马礼逊；（2）基督教新教；（3）中文版《圣经》

3.（1）第一代翻译人才；（2）英国；（3）天演论；（4）物竞天择，适者生存

4.（1）信、达、雅；（2）忠实于原文；（3）表达要妥帖、通达；（4）文字要优美、典雅

5.（1）鸦片；（2）闭关锁国；（3）师夷之长技以制夷

6.（1）总理各国事务衙门；（2）京师同文馆；（3）洋务运动

7.（1）留学日本；（2）日本；（3）新学科、新名词

第五章

1.（1）造纸术；（2）印刷术；（3）火药；（4）指南针

2.（1）陆羽；（2）茶经；（3）茶圣

3.（1）第五大发明；（2）中国；（3）瓷器；（4）China

4.（1）利玛窦札记；（2）明代中西交通史；（3）耶稣会入华传教史；（4）明史

5.（1）拉丁文；（2）中国近事；（3）多角度；（4）多层次

6.（1）赵氏孤儿；（2）伏尔泰；（3）1755；（4）好逑传

第六章

1.（1）传教士；（2）外交官；（3）商人；（4）历史文化

2.（1）外交官；（2）鸦片战争；（3）语言自迩集；（4）拉丁字母；（5）威妥玛式拼音

3.（1）传教士；（2）青岛；（3）孔子

4.（1）出国留学；（2）新纪元；（3）容闳；（4）幼童

5.（1）常见的渠道；（2）宗教；（3）贸易；（4）战争与掠夺

6.（1）洋务运动；（2）自强；（3）求富；（4）中学为体，西学为用；（5）中体西用

7.（1）新青年；（2）民主；（3）科学；（4）德先生；（5）赛先生

主要参考书目

1.《中外文化交流史》，周一良主编，河南人民出版社，1987 年。

2.《中西文化交流史》，沈福伟著，上海人民出版社，1985 年。

3.《近代中西文化交流史论》，于语和、庾良辰主编，山西教育出版社，1997 年。

4.《中国古代史纲（上）》，张传玺主编，北京大学出版社，1985 年。

5.《中国古代史纲（下）》，张传玺主编，北京大学出版社，1991 年。

6.《中国通史》，吕思勉著，中国城市出版社，2012 年。

7.《中国文化概论》，张岱年、方克立主编，北京师范大学出版社，1994 年。

8.《中国史纲》，张荫麟著，中华书局，2009 年。

9.《梁启超传》，李喜所、元青著，人民出版社，1993 年。

10.《论语全书》，思履译注，中国华侨出版社，2014 年。

11.《中印文化交流与比较》，王树英编，中国华侨出版社，1994 年。

12.《季羡林论印度文化》，张光璘、李铮编，中国华侨出版社，1994 年。

13.《中国名家论泰戈尔》，张光璘编，中国华侨出版社，1994 年。

14.《儒道佛与传统文化》（《文史知识》合刊），《文史知识》编辑部编，中华书局，1990 年。

15.《中国古代汉传佛教传播史论》，陈文英著，天津古籍出版社，2007 年。

16.《何谓文化》，余秋雨著，长江文艺出版社，2012 年。

17.《中韩关系史・古代卷》，蒋非非、王小甫等著，社会科学文献出版社，1998 年。

18.《热河日记》，［朝鲜］朴趾源著，朱瑞平校点，上海书店出版社，1997 年。

19.《中外文化交流史・轶闻趣事》，魏秀春主编，山东画报出版社，2008 年。

20.《中外文化交流记趣》，徐振保著，复旦大学出版社，1996 年。

21.《中日文化交流史大系・历史卷》，王晓秋、大庭修主编，浙江人民出版社，1996 年。

22.《中日文化交流史大系·文学卷》，严绍璗、中西进主编，浙江人民出版社，1996年。

23.《海上丝绸之路与中外文化交流》，陈炎著，北京大学出版社，1996年。

24.《汉文化论纲》，陈玉龙等著，北京大学出版社，1993年。

25.《中国传统文化导论》，商聚德等主编，河北大学出版社，1996年。

26.《东南亚文化发展史》，贺圣达著，云南人民出版社，1996年。

27.《中西文化交流先驱——马可·波罗》，中国国际文化书院编，商务印书馆，1995年。

28.《马可·波罗游记》，［意］马可·波罗著，梁生智译，中国文史出版社，1998年。

29.《利玛窦与中国》，林金水著，中国社会科学出版社，1996年。

30.《李约瑟与中国》，王国忠著，上海科学普及出版社，1992年。

31.《莱布尼茨和中国》，安文铸等编译，福建人民出版社，1993年。

32.《汤若望传》，李兰琴著，东方出版社，1995年。

33.《西学东渐与晚清社会》，熊月之著，上海人民出版社，1994年。

34.《基督教与近代中国社会》，顾卫民著，上海人民出版社，1996年。

35.《中国近代史百题》(上、下)，湖南人民出版社，1983年。

36.《美国传教士与晚清中国现代化》，王立新著，天津人民出版社，1997年。

37.《中外文化交流史话》，沈立新主编，华东师范大学出版社，1991年。

38.《变革者言》，史仲文主编，中国物资出版社，1997年。

39.《中俄关系史略》，王希隆著，甘肃文化出版社，1995年。

40.《中非关系史文选》，艾周昌编注，华东师范大学出版社，1989年。

41.《中国文化史概要》(增订版)，谭家健主编，高等教育出版社，1997年。

42.《容闳自传》，石霓译注，百家出版社，2003年。

43.《严复：天演论（附：论自由）》，［英］赫胥黎、密尔著，严复译，杨佩昌整理，中国画报出版社，2010年。

44.《大唐西域记校注》(上、下)，［唐］玄奘、辩机著，季羡林等校注，中华书局，2000年。

45.《利玛窦中国札记》，［意］利玛窦、［比］金民阁著，何高济等译，何兆武校，中华书局，1983年。

46.《崔致远全集》(上、中、下)，［新罗］崔致远著，李时人、詹绪左编校，上海古籍出版社，2018 年。

47.《中外宗教交流史》，楼宇烈、张志刚主编，湖南教育出版社，1999 年。

48.《日本俳句与中国诗歌——关于松尾芭蕉文学比较研究》，[日] 关森胜夫、陆坚著，杭州大学出版社，1996 年。

后记

这本《中外文化交流史》在出版使用了近20年之后，竟还有机会修订再版，这虽是我曾经热切希望过的，但却又始终不抱希望，只等着它自生自灭。现在，希望竟成为了现实，所以我真诚感谢北京语言大学出版社，从总编辑，到国际中文教育事业部的负责同志，到这本教材的责任编辑，此外还有审看了书稿的社外专家。道理很简单：倘若他们不给我修订的机会，倘若他们不给我支持和鼓励，倘若他们不认真地审看书稿并提出意见和建议，就不可能有这本教材现在的这个面貌。对我来说，希望修订再版，不是因为什么“敝帚自珍”，而主要是因为对初版的这本教材不满意。之所以不满意，是因为它太老了，而且在使用的过程中，我发现了它的许多缺点与不足。发现了又不能改正，内心中便因此时有不安，也时有对学习者、使用者以及其他读者的一种愧疚。

不满意的主要是初版教材的“概说”部分。依据我的教学经验，课堂上实际讲授的就是这一部分：道理很简单，面对十几名甚至几十名来自不同国家的留学生，老师在上课时不可能专讲中国与某一个国家之间的文化交流，其讲授所涉及的只能是“概说”中的内容。而初版教材的这一部分，内容过于简略、单薄，结构也稍琐碎、零乱。因此这次修订，我所做的主要工作，首先就是对初版教材的“概说”部分进行修改和补充，使其成为独立的一册（第2版上册）；再就是给全书详加注释——既包括文化知识点也包括生词。修改补充后的“概说”部分，即现在的上册，较之初版，已完全是另一个面貌，内容充实了，条理也更加清晰了。此外，还特别加写了“序章”，内中除引述了几位文化学者对文化交流重要性的论述，还加写了中外文化大交汇之前中华大地上各民族间文化的交流融汇——这其实恰是“写作自觉”的表现和结果。对初版教材一、二、三编中的各章各节，则没有进行大改动，只是做了些微调、润色，修正了其中或明或暗的错误，使其独立为下册的内容。

初版教材“后记”中说过的一些话，觉得还有必要在这里加以强调：

第一，本书的编写原则是：它首先是一本教材，而不是纯粹的学术著作；它主要是供外国留学生使用的教材，因此无论在材料选取还是在语言运用上都应与为中国学生和读者编写的东西不同。

第二，编者所能见到的并作为参考的同类型的或与之相关的著作，应该说是各有特色，各有短长。这些著作给予编者的启示和借鉴是多方面的。

第三，中国与世界各国的文化交流，由于受诸多因素的影响与制约，呈现出各自不同的面貌，因此在编写时，各章各节的写法也便不尽相同：不同的切入角度，不同的材料选取，不同的结构编排。当然，全书又是一个整体，结构必须严整，脉络必须清晰。这样，学生学起来或读者读起来便不致茫无头绪，不得要领。

从主观愿望上讲，我愿编出一本受人欢迎的好教材，不光有特色，还要有新意。我尝试着做了，才知道要真做好并不容易。限于水平和视野，似乎只能写成现在这个样子了，希望能听到中肯的批评与建议。

马树德

2018 年大雪时节写于江苏昆山